英语教学与文化融合思维研究

韩向华◎著

文化发展出版社
Cultural Development Press
·北京·

图书在版编目（CIP）数据

英语教学与文化融合思维研究 / 韩向华著 . — 北京 : 文化发展出版社 , 2023.10

ISBN 978-7-5142-4159-4

Ⅰ . ①英… Ⅱ . ①韩… Ⅲ . ①英语－教学研究 Ⅳ . ① H319.3

中国国家版本馆 CIP 数据核字 (2023) 第 212920 号

英语教学与文化融合思维研究

韩向华 著

出 版 人：宋 娜

责任编辑：张宝平　　　　责任校对：侯 娜

责任印制：邓辉明　　　　封面设计：守正文化

出版发行：文化发展出版社（北京市翠微路 2 号 邮编：100036）

网　　址：www.wenhuafazhan.com

经　　销：全国新华书店

印　　刷：天津和萱印刷有限公司

开　　本：710mm × 1000mm　1/16

字　　数：200 千字

印　　张：11.5

版　　次：2024 年 7 月第 1 版

印　　次：2024 年 7 月第 1 次印刷

定　　价：72.00 元

I S B N：978-7-5142-4159-4

◆ 如有印装质量问题，请电话联系：010-58484999

作者简介

韩向华，女，汉族，中国共产党员，河南夏邑人，2014年就职于河南财政金融学院（原河南教育学院），硕士研究生 讲师，外国语学院教学办主任，研究方向为外国语言学及应用语言学、翻译学、英语教学，发表论文7篇，参与省部级课题6项，地厅级课题4项。指导学生参加大学生英语竞赛、单词达人词汇竞赛、学术英语词汇竞赛、“用外语讲好中国故事”短视频竞赛、跨文化大赛等，多次获奖被评为优秀指导教师，英语教学经验丰富。

前言

21世纪以来，各国相互依存、相互联系的程度空前加深。随着当今世界全球化进程加快，文化之间的交流与融合也日益频繁和紧密，跨文化的交流已经成了人们必备的一种能力。当今，英语作为世界通用语，在国际事务交往中发挥着越来越重要的作用。而如何更好地学习英语，了解我国与外国之间的文化差异尤为重要。随着社会对人才标准要求的提高，英语学习者的语言应用能力也备受关注，传统的以基础知识教学为主的英语教学已经难以适应社会发展的需求。学校的英语教学需要培养的是有一定文化自觉和文化感知力的交际者，从而使学生意识到文化学习的重要性，并自觉建立自己的文化身份、提高自己的跨文化交际能力。

学习语言离不开文化，了解文化也离不开语言，语言和文化是水乳交融的，文化蕴含在语言中，语言又能体现文化的厚重，二者融为一体。当下语言学界和外语教育界一直对文化与交际的关系十分关注。文化孕育语言，语言承载文化。外语学习与使用的过程，就是一个跨文化交际的过程。

随着对外交流活动的日趋活跃，传统的听说读写能力已然不适应经济全球化时代的需求，培养学生的跨文化交际能力成为学校英语教学的重要内容。这使得学校的英语教学不再局限于传统的语言知识的传授和语言技能的培养，转而聚焦于培养学生的语言交际能力，提升他们的跨文化交际素养。由于跨文化交际中存在的文化差异，外语教学不能将外语水平等同于交际能力，因此，在外语教学过程中应着重引导学生掌握应对文化差异的技能，特别是注重培养他们的语言能力、语用能力和策略能力，提升他们对文化差异的敏感性、宽容性，使他们能够运用学到的外语知识灵活地处理对外交流中文化差异的问题。

在学校的英语教学中培养跨文化交际能力，不仅有利于彰显英语中深厚的人文特性，还有助于学生以英语为载体，了解汉语与英语以及汉语文化与英语文化，在英语学习的过程中，学生对二者的理解日益加深，综合素质和文化素养不断提升，进而引导他们养成开放的文化交流心态，实现英语文化与汉语文化的积极互动。传统的学校英语教学秉持着单一的语言学立场，而学校英语跨文化交际能力教学目标的形成与发展，使传统学校英语教学的文化观发生了颠覆性的改变，实现了向文化教学立场的转变，使得学校英语课程的内涵不断丰富，凸显其兼有工具性和人文性双重性质的特点。

本书第一章为语言与文化，分别介绍了关于语言、关于文化、语言与文化交融三个方面的内容；本书第二章为英语教学法概论，主要介绍了两个方面的内容，依次是英语教学法的定义及分类、英语教学法演变历程；本书第三章为文化对英语教学的影响，主要介绍了三个方面的内容，依次是我国的英语教学现状、中西文化差异对外语教学的影响、多元文化对英语教学的启示；本书第四章为英语教学中的文化教学，依次介绍了文化教学的地位和作用、语言教学与文化教学的关系、文化教学在英语教学中的实施三个方面的内容；本书第五章为跨文化的英语教学研究，主要介绍了四个方面的内容，分别是跨文化英语教学的目标与内容、跨文化英语教学的现状与问题、跨文化英语教学的改革与创新、英语教学中跨文化交际能力的培养。

在撰写本书的过程中，作者得到了许多专家学者的帮助和指导，参考了大量的学术文献，在此表示真诚的感谢。

限于作者水平有限，加之时间仓促，本书难免存在一些疏漏，在此，恳请同行专家和读者朋友批评指正。

韩向华

2023 年 3 月

目 录

第一章　语言与文化

语言是文化最忠实的记录者，它不但记录文化内容，还记录人类文明的发展史。本章主要介绍了语言与文化，从三个方面进行了阐述，分别是关于语言、关于文化和语言与文化交融。

第一节　关于语言

一、语言的概念

（一）语言的定义

语言是人类主要的沟通媒介，也是交际中非常重要的工具。语言是保存和传承人类文明成果的工具，也是体现民族特色的重要因素。由于历史、地理环境及社会发展程度的差异，各民族所使用的语言各不相同。每个族群皆有其独特的语言体系，如汉语、德语、法语、英语、日语、西班牙语等。英语是应用范围最广的语言，也是联合国通用工作语言之一；汉语是使用人数最多的语言。德国语言学家对世界上现存的语言进行了统计并出版了《语言学及语言交际工具问题手册》一书，发现目前全球已经确认的存在的语言总数为 5 651 种，这些语言中，有超过 1 400 种未被广泛承认为独立语言，或正在逐渐消亡。因此，研究语言就成了一个十分重要和迫切的课题。

语言的英文单词是 language，它在人们的交流思想感情中起着重要作用。有关研究表明，人类大部分的情感交流活动都是通过语言来完成的。正因为有了语言，人们才能传达情感，交换意见，汲取他人思想中的有益成分，从而促进政治、经济、文化等领域的持续健康发展。语言这种文化现象并不是一成不变的，而是随着时间的推移不断演变的，它现今所分布的地域也是历史演变的产物。我们可以将世界上的语言按照其语音、语法、词汇等共同特征以及起源关系的不同，划分为多个语系。每个语系中都包括了数量不等的语种，它们在地域上有固定的分布区。这些语系和语种与地域文化之间有着密不可分的关系。由此得知，语言是指在生物同类间，为了满足交流需求而制定的一种声音（图像）信号，其编码和解码标准具有一致性。

语言又是符号系统，它是人类社会所独有的，是人区别于动物的显著特征。许多动物可以通过发声来表达自己的情感或传达特定信息给群体，但这种表达方式是一种固定的模式，无法根据环境的改变而随机应变。从广义上来说，语言是一个共同被采用的交流工具，由符号、表达方式及处理规则组成，传达这些符号的形式是多种多样的，既可以运用视觉传播，又可以通过声音传播，甚至部分符号还可以运用触觉传达。严谨地说，语言指的是人类自然交流所采用的自然语言。大多数人需要学习才能习得语言技能，而语言学习的目的在于实现思想、观点及想法的交流。随着时代的进步，人们对于语言的研究日益深入，语言学逐渐从其他学科中分离出来，成为以语言分类和规则为研究对象的独立学科。对于那些长期从事语言学研究并且取得卓越成就的专家学者，人们称之为语言学家。语言有着丰富的内涵，不仅包括人类世界的语言，还包括动物语言和电脑语言。所谓动物语言是指经过多年的研究，人们发现某些动物也可以以某种方式进行交流，并将这种交流方式称为动物语言。伴随着网络技术的日益成熟，通过某些方式向电脑传达指令的电脑语言应运而生，这种语言具有单向沟通的特征。

（二）语言的分类

1. 语言的种类

按照不同的分类标准，语言可以分为不同的类型，如根据是否存在交流对象，语言可分为对话语言和独白语言。根据语言传达方式的不同，语言可分为口头语言和书面语言。根据交流对象的不同，语言可分为内部语言和外部语言。从大脑的角度来看，语言可以分为“脑语”和“嘴语”。人们所谓的思考、思想或思维，其实就是源源不断地产生于大脑中的“脑语”。运用嘴这一人体器官表达人脑中的思维过程被称为“嘴语”。尽管“嘴语”传达的是“脑语”的内容，但是这并不意味着“嘴语”完全等同于“脑语”，之所以二者会出现差异，主要有以下两方面原因：首先，“脑语”和“嘴语”在表达时会失真。其次，“嘴语”并不是传达“脑语”的唯一方式，人们的行为也能够反映出脑语。这些行为包括肌肉运动、肢体运动、面部表情运动等。交流能力对一个人来说至关重要，而语言则是其表达能力的重要组成部分。根据习得时间的不同，语言可以分为第一语言和第二语言两大类。第一语言是指一个人从年幼开始，通过与同语言环境下的人（如父母、亲戚、社交圈等）交流而最先习得并灵活运用于交流和思维的语言。第一语言包括两层含义，一是本族语言，即某一族群内成员普遍使用的语言；二是母语，即一个人出生后最先学会的语言。第一语言在个体的成长、成才过程中起着重要作用，是贯穿个体始终的主要语言。第二语言与第一语言的意义相反，即非本国或本民族成员使用的语言。回溯语言的发展史可以发现，第一语言和第二语言并不是水火不容、完全对立的，事实上，在全球范围内，第一语言和第二语言并存是一个非常普遍的现象。

伴随着社会经济的发展，语言分类方法日趋丰富，当前应用范围最广的语言分类方法是发生学分类法，又称谱系分类法。它以语言间的亲属关系作为标准，将语言划分为不同的语系，并按照亲属关系的接近程度，进一步划分为语族、语支和语种。

在谱系分类法的指导下，语言学家将历史来源相近的语言归为一类，并称之为语系，如人们耳熟能详的汉藏语系、印欧语系等。同一语系内，语言可以按照其彼此的亲缘程度，划分为不同的语族。同一语族内，还可以根据语言之间的远近程度，进一步分为不同的语支。如印欧语系可细分为日耳曼语族、斯拉夫语族、伊朗语族等。斯拉夫语族又由三个语支构成，分别是南斯拉夫语支、东斯拉夫语支和西斯拉夫语支。因为全球语言的复杂性，语言学家对语系的定义有不同的见解，因此术语也有所不同。

2. 世界七大语系

19 世纪，欧洲比较学派的语言学家收集了全球应用范围较广的语言并进行了深入的研究，结果发现某些语言或者语音上有相似之处，或者词汇含义相近，或者语法规则存在着一定的关联，因此将这些语言归为一类，称之为同族语言。由于一些族群之间存在着一些对应关系，因此他们将这些不同族群的语言归为一类，并称为同系语言。这被称为语言间的谱系关系。世界上的语言可以分为七大语系，分别为如下内容。

（1）印欧语系

印欧语系是最大的语系，这个“大”不仅指使用人数最多，应用范围最广，还包括所包含的语言种类数量极多。波罗的语族、印度语族、伊朗语族等都属于印欧语系。每一个语族都包含若干分支，如波罗的语族可细分为拉脱维亚语和立陶宛语。印度语族可分为印地语、巴利语、林语等语种。伊朗语可细分为普什图语、波斯语等语种。

（2）汉藏语系

汉藏语系由多个语族构成，分别是汉语语族、壮侗语族、藏缅语族等。其中藏缅语族又可细分为藏族语、缅甸语；壮侗语族可分为壮语、布依语、侗语、黎语等。

（3）阿尔泰语系

阿尔泰语系由三个语族构成，分别是突厥语族、蒙古语族、通古斯语族。这三个语族又由若干个语种构成，以突厥语为例，它包括阿塞拜疆语、土耳其语、维吾尔语等多个语种。蒙古语族由蒙古语、达斡尔语等语种构成。满语、锡伯语及俄罗斯境内的埃文基语属于通古斯语族。

（4）闪－含语系

闪－含语系又被称为亚非语系，它包括两个主要分支：闪米特语族和含语族。阿拉伯语和希伯来语是闪米特语族的重要组成部分，而古埃及语、豪萨语则属于含语族。

（5）德拉维达语系

部分语言学家将德拉维达语系翻译为达罗毗荼语系，尽管名称不同，但二者的含义相同，指的是印度南部具有相似历史来源的语系，由多个语种构成，如泰米尔语、比哈尔语等。

（6）高加索语系

语言学家将诞生于高加索地区且具有相同历史来源的语言归类到高加索语系中，车臣语、格鲁吉亚语等就属于该语系。

（7）乌拉尔语系

乌拉尔语系由两个语族构成，分别是芬兰语族和乌戈尔语族，芬兰语、爱沙尼亚语属于前者的范畴，后者则涵盖了匈牙利语、曼西语等语言。

需要注意的是，有一些语言在语言谱系上不属于任何特定的语系，例如日语、朝鲜语等，它们被视为独立语言。这些不同的语言和语系是如何演变和产生的呢？同一语系语言的居民共同体是如何形成的呢？在古代，不同语言和文化的地区之间是否有文化或人员交流的迹象？是否存在一个共同的起源导致全球数十亿人所说的成千上万种语言呢？以前这些问题难以得到确切的答案。然而，经过 20 多年的发展，现在可以看到逐渐揭开这些“世纪之谜”的希望。这得益于分子生物学、人类群体遗传学和考古学、语言学等领域的不断进步。这是各门科学相互交融、不断创新研究方法和手段的成果。

（三）语言的用途

语言有表达和传达两种功用。语言的最原始的形式和某些其他种类的行为没有大的区别。这个说法不仅适用于语言的初级形式，而且在诗歌，特别是歌曲中，感情和知识也是用同样的手段来表达的。人们可以把音乐看作一种感情脱离知识的语言，而电话簿却只告诉人信息（知识）而不表达感情。但是日常语言通常都包含这两种因素。

相比于其他情感交流的方式，语言具有两个显著的优点：第一，它具有社会性的特征；第二，它为思想提供了共同的表达方式，并且这两个优点相互依存，相互关联。如果没有语言，某些真知灼见的思想可能淹没在历史的长河中，永远无法传递。在没有语言或类似语言的沟通方法的情况下，人们的认识只能局限于自身感官所感知到的信息。但是，有了语言的协助，人们不仅能够理解他人的言语，还可以表达仅存在于记忆中而非现实中的事物。当人们观察到或感知到其他人没有注意到的事物时，通常会使用词语“看”或“听”，或者以手势的形式来向他人传达这个信息。人们可以通过发出声音让大家听到，将个人所知道的记忆表达出来。如果没有语言，人们只能通过共同的生活体验来交流，而这种共同体验只限于那些有类似环境和经历的人。

尽管语言在社会各个领域的表达方式不同，但其功能却极为相似，主要体现在两个方面：一是社会功能，二是思维功能。其中社会功能又可细分为信息传递功能和人际互动功能。语言既是人们思考的工具，也是人们交流的工具。它与人们的思维紧密相连，承载和呈现着人们的思维，同时也是思维的物质体现和表达方式。语言是用声音传递意义的一套符号系统，包含语音和语义两方面的内容，其中语音是物质外壳，语义承载着意义内容。语言作为一种社会现象，在人类交往中扮演着至关重要的角色，不仅帮助人们表达思想和沟通交流，同时也是保存和传承认知与文化的媒介。语言是人类在社会实践中创造出来的精神财富，不同地区、民族的语言具有其鲜明的特性。人类借助语言这一工具，将原本毫无意义的语音按照特定的形式组合起来，使之成为具有特殊含义的语素，然后根据自身的需要将语素按照各种方式组合成话语，不同组合方式所产生的话语是大相径庭的，其表达的意义也是截然不同的。无限变幻的话语形式形成了无穷尽的意义。人类在创造语言之后，发现其在传递情感的过程中有时会出现失真问题，于是又创造了文字，它是语言的可视化形式。相较于口头表达，文字不再受限于时间和空间，具有更为广泛的应用价值。

二、语言的本质

人类之间的交流离不开语言，它是一种重要的交际工具。语言是最为重要且方便的媒介，尽管文字、图片、动作、表情等也能传达人们的思想。但是受地理环境、历史文化等多种因素的影响，世界各地的人们使用的语言各不相同，这就导致不同语言之间的人们直接且顺畅的交谈是一件相当困难的事。即使是同一种语言，不同地区在语音、语义上也有着不小的差别，这就是方言，如虽然美国人和英国人的母语都是英语，但某些词语的发音和意义上还是有很大差异的。有些方言可以互相理解，有些方言的差别非常大，以至于听起来就像是完全不同的语言，这就像北京人无法听懂广东话一样。随着地区和社会阶层、年龄的变化，人们的语言也在不断变化，他们可能使用特定的词汇表达独特的情感和概念，不同社会阶层、年龄段的人在听到这些词语时可能会一头雾水，不知道说话人究竟想表达什么。如美国的黑种人和白种人居住在不同的街区，虽然他们都使用英语，但是不同的成长环境使得二者的语言运用方式有着很大的差异。

在一定的语言环境条件下，通过了解某种语言，可以促进人们对其他语言和方言的有效学习和了解。但对人们来说，要想改变其口音是一件极其困难的事，不管人们习得多少词汇、掌握了多少语法，在他们发音时还可能保留原本的口音。对于了解语言的人来说，他们是可以通过区分、对比语言时惯了解说话者的生活地点和身份的。

语言属于文化的主要组成部分，如果没有语言的话，是难以产生文化的。只有确保语言的存在和发展，才能推动文化的代代传承。

（一）语言的起源和产生

语言的起源大致可以分为神授说、人创说、劳动创造说。

1. 神授说

神授说主张语言是上天赐予人类的礼物，代表观点有两个：第一，《吠陀》是印度婆罗门教的经典之一，其中写道语言是一种神赐予人类的独特能力；第二，苗族传说中记录了人类的起源和语言的产生，人类是由山神创造的，并且为了促进人类生存、发展，山神还将语言这本属于神明的财富传授给人类，使人们能够自由地表达所思所想。神授说盛行于科技和文化相对落后的时代，那时的人们受生产力低下的制约，无法解释语言这种神奇现象产生的原因，于是想象出了具有超凡力量的神明，并将其归功于神的恩赐，这就是神授说的实质。换而言之，人们当时缺乏足够的知识和工具去解释语言现象，只好寻求超自然的解释。

2. 人创说

人创说认为语言不是神明恩赐的礼物，而是由人类自己创造出来的。代表观点主要有五个：第一，摹声说。这种观点认为自然界中存在着各种各样的声音，人们经过仔细地观察、学习，掌握了种种声音，并在此基础上形成了语言。这种观点可以用来解释草生词的诞生，但是却无法揭示人类语言的起源。第二，社会契约说。持这种观点的语言学者认为语言起源于人们之间的相互约定。尽管这种看法重视语言的社会性以及语言符号的任意性，但它未能解释人们在没有语言的情况下如何达成共识。第三，手势说。在人类掌握有声语言之前，曾经历过多个手势语言的发展时期。这种观点的缺陷在于它无法解释手势语言如何发展成为有声语言的。第四，感叹说。人类的有声语言是从表达各种强烈情感的叫喊声逐步演变而来的。这个主张没有办法说明感叹词是如何演变为具有理性含义的其他词汇的。第五，劳动叫喊说。这种观点认为是劳动的呼喊声促成了人类有声的语言演变。尽管这个观点认识到语言起源于劳动的联系，但是它没有提出合理的解释来说明劳动号子是如何演变成为语言的。这些观点均出自主观的推论，它们缺乏基于科学理论的支持。

3. 劳动创造说

劳动创造说主张，语言的形成需要具备三个条件：第一，人类的认知能力需要达到一定的水平，能够对客观世界进行分类和概括，并有一定的记忆、想象、判断和推理能力。只有具备了这些心理条件，才可能发展出语言。第二，人类的发声器官要具备相应的生理条件，只有当人类的喉部和口腔声道经过了足够的进化，才有可能产生清晰的声音，并出现有声语言。第三，随着社会的发展，人类之间逐渐产生了必须要交流的需求，必须共享信息和知识才能更好地生存和繁荣。只有在这种社会条件下，产生语言才成为必要。在语言的起源过程中，三个必要条件是必不可少的，分别是人类的社交需求、工具使用能力以及人类大脑的认知能力。这三个条件的创造离不开人类的创造力和劳动。恩格斯关于语言的起源有着较为全面的论述："语言是从劳动中并和劳动一起产生的"。①

语言的产生是指人们通过语言器官或手的活动把所要表达的思想说出或写出来，它涵盖了说话和书写两种形式。语言的基本构成单位包括单音、音节、词素、词组和句子。语言的演变可以被划分为多个阶段，如构造阶段、转化阶段和执行阶段。在不同的阶段中，语言所扮演的角色是截然不同的。如在构造阶段，人们的重点是确定想要表达的思想，以此作为参考来进行后续的创作。转化阶段主要利用语法规则将思维转化为语言表达的形式。在执行阶段，主要是将语言表达的信息口头或书面地呈现出来。

（二）语言的本质研究

对于语言的本质问题来说，相关研究文献比较多，且包含多种哲学家的多种观点，总体来说，主要有三大观点。第一大观点：语词的所有意义是私人的思想。第二大观点：语言不仅是形式系统，还是人类的社会活动。第三大观点：语言是人类大脑的主要组成成分。三大观点反映的语言性质侧面是不同的，虽然都具有一定的合理性，但还不够全面。下面主要站在哲学的角度上明确分析语言的本质问题。

1 语词意义是私人的思想

许多哲学家在 20 世纪后期开始对语言是否是个人的或是私人的这个问题产

① 谢保国．中国古代语文教育史稿：上册 [M]. 银川：宁夏人民出版社，2008.

生了浓厚的兴趣。英国哲学家约翰·洛克（John Locke）是私人语言说的代表人物，尽管洛克的著作中并未明确指出语言是私人的，但他提出的意义理论却暗含着这一概念，即语言是个人的或私人的。马丁尼奇对洛克的观点进行了归纳总结，在他看来洛克的观点可按“三段论”进行如下推断：所有的语词意义都源自思维，大前提是所有的思维都是私人的，因此所有的语词意义都是私人的。洛克认可上述小前提，其理由是他认为思想或观念是唯一能够传达意义的事物。由于语词的意义与人们所知的唯一事物——思想有关，因此人们必须了解所使用的词汇意义，即思想的表达。因此，洛克的看法是，在他看来，意义既不是事物的本质特性，也不是其他人的主观想法。他说：“人不可能使自己的语词成为事物特性的符号或者另一个人心目中的概念的符号，而他自己对此却茫然无知。”原因很简单，已知人们所谈论的一切事物都是本人思想的体现，如果语言是私人的，那说话者试图向他人解释事物、描述事件时，使用的就是他自己都弄不清楚含义的符号，这显然是不现实的。①

然而，洛克提出的私人语言意义理论对人们的交流产生了困扰。因为说话人无法直接观察听众的内心世界，也无法通过其他途径了解，所以他无法确定自己的交际是否达到了预期效果。许多学者不同意洛克对语言本质的私人性的观点，因为他们认为理性的说话人可以在某些情况下准确地确定他们的交际意图，因此，语言表达的意义不仅仅是个体思想，也涉及更多方面的功能。洛克的观点过于简单化和片面化。

是否存在一种私人语言，是一个值得探讨的问题。具体来说，论述的核心问题是个体是否可以使用一种只有自己能够理解的语言来描述和表达自己的思想和情感。某些人可能相信存在私人语言。在英国语言分析学家阿尔弗雷德·艾耶尔（Alfred Jules Ayer）看来，私人语言是不存在的，任何一种私人语言都能得到更广泛的理解。②因此，只要有人能够将其翻译成其他语言，或者理解其含义，这些语言就不再被视为私人语言。

---

① 李冬冰．新观念　新道路：启蒙语域下的洛克观念论研究[M]．合肥：安徽人民出版社，2007.

② 刘礼进．关于语言的本质：三种语言哲学观点述评[J]．外国语言文学，2010，27（1）：8—14.

2. 语言是符号形式系统和人的社会活动

另一种认识语言本质的看法是将其视为符号形式系统，即将特定类型的声音串或符号串赋予意义，并使用有序系统将句子与意义建立联系。这种联系可描述为语句与意义的整齐配对体，即可能世界的实在信息集合。大卫·路易斯（David Lewis）赞同此观点。另一个有关语言的观点是，它是人类社会活动的一项自然历史成果，是在人们的日常活动中使用的一种交流工具。在这个交流领域里，人们通过使用串联的话语或可记忆的字符，以思想或行动回应所听到或发出的声音或字符。这种现象是人类活动中的一部分。这种观点与路德维希·约瑟夫·约翰·维特根斯坦(Ludwig Josef Johann Wittgenstein）提出的类似，其曾认为，语言是社会行为中的一种现象，人们通过语言表达自己的信念和愿望，并在理解他人的语言表达时得以与人交流。路易斯认为，符号形式系统和社会活动两种语言观是可以相互关联、相互影响的，这两者不是独立的存在。因此，他提出了一种综合性的观点，即将语言形式系统视为人们进行交流的工具。这种方法可以兼顾前两种观点的主张。只要在一定的语言社区中，所有成员都恪守真实和诚实这两个约定，那么这种交际就完全可以实现。例如，当人们发表陈述性断言时，他们会尽可能地讲真话，而听者也相信说话者会说真话。人们使用祈使句时，表达了他们的信念并预期着听者会接受并采取相应的行动。①

总体看来，路易斯的语言观点似乎很接近约翰·朗肖·奥斯丁（John Langshaw Austin）的“言语行为”理论的三个基本观点，这三个基本观点是以言陈事、以言行事、以言成事。可以说路易斯的语言观点几乎可以跟“以言行事行为”画等号。然而，人类的语言远比仅仅“用言语做事”以实现某个行动更为广泛。它不仅包括通过遵循语言中的诚实和信任来进行社交活动，而且还包括其他更多领域的应用。除了被用于社交交流，语言还有许多其他用途，比如记录信息、进行数字计算、创作诗歌等，这些都不属于（常规的）社会活动或社会交流。

3. 语言是大脑的组成成分

众所周知，艾弗拉姆·诺姆·乔姆斯基（Avram Noam Chomsky）是一位备受推崇的美国学者，他致力于推广语言生物学观。根据乔姆斯基的看法，语言是人类大脑的一个组成部分，并且语言学可以归类为与神经科学相关的学科。语

① 韩选文，张丽丽，李慧．外语教学和文化交融[M]．长春：吉林文史出版社，2016.

言是客观存在的实体，因此探究语言理论的真实性就像研究其他科学理论的真实性一样具有重要意义。乔姆斯基提出：语言能力（官能）是人脑的一个组成部分，这个部分专用于语言知识学习和语言使用；一种语言其实就是一种语言能力，是大脑结构的一部分。① 基于乔姆斯基提出的生成语言学假说，许多学者认为儿童学习母语的顺利程度是源于人类语言能力天生存在于人类大脑之中的奇迹，这也是唯一能明确解释这种现象的理论。

从表面上来看，英语、芬兰语、日语等诸语言之间有着显著的差异，但是事实上使用这些语言的人的大脑并没有本质的区别。如果以“天使”的眼光来看，人类使用的语言本质上是相同的。从表层来看，英语和日语是两种截然不同的语言体系，但是从更高的层次来看，英语和日语的差异是非常细微的。就英语、芬兰语、日语而言，人们通常认为它们属于不同的“语言”，但这种观念并没有经过科学验证。一种所谓的语言（地域）与另一种之间并无明显的差异。在德国靠近荷兰边界的地方，居民使用的德语与荷兰语相似，因此相比于居住在离荷兰边界较远的说德语的德国人，当地的荷兰人更容易与邻近荷兰地区的德国人交流，这种现象似乎证明了乔姆斯基的观点的正确性：所有人类语言都具有普遍的语法，每个正常人的大脑都包含这种语法。

语言是一种规则系统，在这种规则系统中，语言的多种规则和解读都是受普遍语法规定限制的，是以普遍语法为条件的。这些规则涵盖的范围相当广泛，除了非语境约束规则，还包括词汇规则、转化规则、语音规则等。乔姆斯基提出，作为规则系统的语言观念显然要比视语言为习惯系统或社会活动的语言观念更具有能动性或创造性。② 这种新理念的出现很快导致许多以前被忽视或未被研究的语言现象被发现，并且提供了解释规则，许多语言现象变得更加清晰易懂。通常，语言规则允许动词的直接宾语充当其主语，而不改变它的角色，但是反过来却不行。又比如，致使结构受制于普遍语法原则。尽管将规则应用到语言上可以通过类型控制，但这些规则的解释往往有很多限制。人们总是想了解为什么某些规则存在，而其他规则却不存在，例如主语、宾语变位和致使结构的不对称现象。在

① 王晓庆.《I-语言：作为认知科学的语言学概论》（第二版）述评[J].语言教育，2015，3(3)：93-97.

② 韩选文，张丽丽，李慧.外语教学和文化交融[M].长春：吉林文史出版社，2016.

经过二十多年的探索后，从 20 世纪 60 年代初到 20 世纪 80 年代中期，语言研究学者成功地将生成语法理论研究的方法论从规则分析转变为选择普遍语法原则方案。这一转向不仅使得一些传统的句法规则得到修正与补充，而且也将其置于更广泛的背景下来考察它们对认知活动产生何种影响。因此，相关规则的选择所带来的问题得以消弭。

正如乔姆斯基所说，由于语言规则不同于存在于心理表征当中而实现为行为的句子，人们没有理由相信存在常见的形式规则，这样的规则没有语言学理论价值，不进入大脑的计算系统，所以大可放心地放弃这样的规则。[①] 除了词汇选择，普遍语法原则貌似并不能简单地解决由语法生成的意义问题。此外，普遍语法规定了语言的唯一实现方式。由于语言种类众多，不同的词类在不同的语言中表现也有所不同。例如在英语或西班牙语中，动词和介词通常放在宾语前，而形容词则放在名词前面。名、动、形、介是语言中的词类。普遍语法的通用准则确定了哪些短语类型以这些词语作为中心词。这些中心词的数量和语法范畴（语类）由它们所属的词汇确定。选择中心词的位置受到短语结构普遍原则的制约，这是一个普遍存在的问题。比如说，在英语中，中心词通常都会出现在补语之前，这也被称为“中心词前置参数值”。日语的语法结构是中心词后置参数值，也就是说，动词、介词、形容词及名词都要放在它所修饰的补足语的后面。此外，还有许多其他选项可供选择，具体取决于抽象格位和语义角色的赋值取向。

根据乔姆斯基的论述，人们必须处理一个至关重要且易于解释的事实：一个人的知识往往不是源自于已有的证据或经验，而是来自其他因素的影响；他的能力和智力并不依赖于具体情境中获得的知识。在语言官能的起始阶段，儿童所熟知的简单语料类型决定了各种参数值的设定，而丰富复杂、表达清晰的知识系统则是在这一阶段就被明确确定的；尽管不同的语言或许存在差异，但它们源于同一铸造模具的构造。换言之，语言（即母语）可以被认为是根据通用语法的规定，对不同的参数进行选择和排列的一组规则。考虑“核心语言”，其仅包含有限数量的可选语言序列。一个能够口头表达和理解一种语言的人，他所掌握的知识可以被描述为该语言（即第一语言）的词汇和参数值的独特组合。这表明在生成语法的发展过程中，人们已经逐渐从简单的“规则系统”转向更加复杂的“原则与

① 陈忠．认知语言学研究[M]．济南：山东教育出版社，2006.

参数方案”，这种变化极大地推动了基于实证研究如何利用新材料的领域的迅速发展，并且取得了突破性的研究成果。

然而，部分研究人员对乔姆斯基的“天使观点”提出了质疑，这种观点认为从“天使”的角度来看，人类语言具有同一性，这可能挑战了天赋语言或生物语言观点。尽管这种说法暗示了人类和大猩猩没有本质上的区别，但事实情况并非如此。另一个值得探究的问题是，为什么以“天使”的视角来看问题比近距离观察更加优越？如果真的像乔姆斯基所说的那样，存在一种普遍的语法并且人类语言机制本来都是相同的，那么我们使用同一种语言进行交流难度会大大降低，不是吗？为什么世界上会有如此多种不同的语言呢？再次追问，儿童习得语言的过程是否完全独立于后天的经验和环境因素？在越战期间，一个被遗弃的婴儿被一户美国家庭收养成长，因此他（她）学会了英语而非越南语。这表明人类大脑中的语言起初状态与在后来习得的具体语言之间并没有直接关联。这种所谓的初始语言状态，并非普遍语法或语言能力，而是人类大脑中智力机能或装置的一种固有特性。由于到目前为止还未发现人脑中含有管理或控制语言的生物组织，因此无法充分证明语言是大脑中实实在在的构成成分。如果根据“天使观点”来看，即如果所有语言都是来源相同且性质相似的，不管是英语、越南语、日语还是汉语，它们都被归纳为语言，进而可以得出结论：语言是大脑组织中的一个组成部分。换句话说，这意味着语言和大脑密不可分，两者相互作用，相互影响。这种看法似乎过于夸大语言的遗传属性，可能存在一定的偏见。

语言到底是什么？对于此问题，恐怕难以找到一个完美的解答。在涉及语言实质的问题上，本书所提出的几种观点各有侧重，虽然在广义上都是合理的，但它们的全面性还有待加强。这是因为，在使用语言进行交流时，人们所表达的思想并不代表个人或私人思想，而是具有符号和人性属性的社会交流活动。除了上述作用，语言还有很多其他的作用和特点。笔者从哲学的视角探究语言的本质，得到了如下解答，以供读者参考：语言是人类自行创造的工具，而人类也随之被语言塑造；人类通过语言来表达自己的思想和感受，语言是人们思考和交流的媒介。人类使用语言进行交流和社会互动。语言是一种具有形式化特征的沟通方式，其表达形式则为声音和字符组成的系统。语言既是一种认知工具，也是一种表达方式，它源于人类大脑的发展和演化，可以反映现实世界的情况，并且能够构建出可能存在的世界。思想的生成源于语言的个体特性，而理解的产生则是因为语言具备社会共性。语言意义的确定取决于引用的语言表达式所指向的事物，具体的所指意义则由命题的真假情况决定。语言是一种游戏，说话者和听话者在理解、误解，甚至曲解中互相博弈。在语言中存在一个悖论：如果一个人自称是“说谎者”，那么他的说法一定是真的；但如果一个人自称是“不说谎者”，那么他的说法一定是不真实的。

三、语言的特点与功能

（一）特点

语言是文化不可或缺的一部分，离开语言，文化也就失去了它的灵魂。文化需要通过正确运用语言才能代代传承。语言运用是改善生活状态的重要手段，语言是在特定的环境中，为了生活的需要而产生的。

人类所拥有的符号系统中，语言被普遍看作是一种独特的形式，并拥有其特有的性质与用途。正是因为语言具备这些特征，才决定了“语言是人类所特有的”这一本质。具体来说，语言有以下几种特征。

1. 任意性

语言有任意性。关于语言的任意性这一特点，语言学家弗迪南 · 德 · 索绪尔（Ferdinand de Saussure）的解释较为恰当：“能指和所指的关系是任意的。”因为任意性存在，事物和它的名称并没有内在的必然联系，因此在不同的语言中，同一事物可能会有不同的表示词。在索绪尔看来，任意性是指不可论证性。[①]

2. 双重性

语言存在一定的双重性。语言属于一个系统，该系统主要包括两层结构：一是“音”，二是“意”。针对有限的音来说，在进行音位规则组合之后，就能产生多样化的表意单位，在结合句法规则的基础上，可以加强对这些单位的合理组合、排列，最终形成完整的句子。这也是只有以词为单位的字典，不存在以句子为单位的辞典的原因，词有数，句子无数无穷。

① 严明．大学英语翻译教学理论与实践[M]．长春：吉林出版集团有限责任公司，2009．

3. 创造性

语言有创造性。不同的话语形式组成不同的句子，人们在日常生活中经常会遇到之前从未见过的句子，有时候可能还会根据自己的需要创造出新的句子，人们可以很轻易地透过这些句子理解其所蕴含的意义，基本不会受到阻碍。由于语言具有双重性质，因此语言可以发挥出极大的表现能力和强大的创造力。在这样一个微妙的系统中，人们通过语言单位和组合规则实现了无限的创造，因此人的语言系统与动物的信号系统最为根本的区别就在于此。开放性和封闭性可以用来区分人类与动物的能力，前者拥有无限的创造性，后者则只有有限的反应能力。

4. 移位特点

语言有移位特点，即语言能跨越时空障碍，实现信息的有效交流与沟通。通过语言，人们可以谈论现在、过去或虚拟的未来，可以超越自然阻隔，在相距遥远的地方进行交流沟通。

5. 文化传递特点

在语言的多个特点中，文化传递特点是比较重要的。比较人和动物可以看出，动物的信号系统是本能的，是生理遗传的。而人的语言是在教与学的过程中传递下来的，是在文化环境条件下产生的。一旦脱离相应的文化传递环境，人类就无法发出美妙的语言，“狼孩”就是明显的例子。换句话来说：语言是通过学习得来的，不是本能化的，也不是遗传得来的。

6. 互换性

语言有互换性。从交际角度而言，互换性是指人既可以作为语言信号的接收者，也可以作为信号的发出者进行交际。语言使用者的“听”与“说”、“给”与“得”的角色是可以互换的。

7. 符号性及系统性

首先，人们在社会交往中约定一套符号来表达观念和思想，这便是语言。语言的基础是社会共同认知的约定。语言的主要特点在于它在某种程度上摆脱了社会上某些小团体、小圈子的观念束缚。语言是人类社交的约定，每个文化都有自己的语言规范，同时会排斥其他非约定的方式进行表达，这种规范是社会共识的一种体现。可以说，有效的表达不在于掌握何种特定的表达方式，而在于运用恰当的表达方式来传达信息。语言符号具有二元性质，它不仅仅是表达事物名称的工具，同时还是一种概念的映像，具有所指性。另外，语言需要借助声音这种形式来传达所指的意义，因此语言也可以看作是声音的图像；声音是语言的另一种展现方式，而语言具有能指性。

8. 任意性和线条性

所谓的任意性是语言符号和文字的意义与所表示的真实对象之间没有必然的对应关系，它们之间的联系是一种随意的、不可证明的关系。即使有些联系可以被证明，但在一般情况下，这种关系仍然是随意的。这就是世界上语言数量众多的原因之一。所谓线条性是指语言的能指需要通过发声来传达。因为语言只能在声音传播的限制下进行，而无法超越声音的限制和能力，从而使得语言只能按照单词出现的先后顺序进行横向传输，这种局限性也制约了语言的使用和表达，因此声音传播的局限不可避免地决定了语言的线性特点。

9. 不变性和可变性

语言是一个不断演变的系统，其中的各个组成部分既具有一定的稳定性，也具有一定的变化性。稳定性是语言系统的先决条件，也是语言广泛学习使用的必要条件。语言的变化不仅是系统内部发展的自然规律的体现，也代表了语言传承的特点。所有事物都处于不断的变化和发展之中，新的事物不断涌现，旧的事物不断消逝，语言也不例外。即使语言系统的变化是隐蔽的、缓慢的，但它却深受社会、文化等多方面因素的影响。语言的发展趋势正在朝着更经济、更简明、更实用、更包容以及更具表现力的方向不断演进。语言内部的组成部分比较多，且各种组成部分都有多种变化，不仅包括方式上的变化，还包括形态上的变化，且变化速度和程度都存在差异性。但在之前的专业研究基础上，人们已经逐渐认识到了很多规律，可以对语言变化进行解释和预测。这不但体现了人们对于语言学的关注、探索取得了很多的成就，同时也暗示了语言学的变化性还是有据可依、有规律可循的。

10. 传承性和交际性

从某种意义上来看，语言是人类文化得以传承和储存的主要载体。因此，语言在自身的发展中会逐步凸显出很强的传承性和交际性。所谓传承性，是指语言以自己的特色吸引或者促使人们在生活、生产中自觉、不自觉地通过语言这个工具直接或者间接地影响相关的人群，或者涉及其他更广泛的区域，达到传承的效果。

上述几个识别特征的结合，解释了“为什么语言是人类所特有的”，这一观点已得到证实并使人们对语言的本质有了更深刻的理解。

此外，在人类社会的发展过程中，语言的存在范围比较广泛。不仅存在于人与人之间，也存在古代和现代之间，另外也存在于中国和外国之间；不仅储存了多样化的文化信息，也能促进各国的文化交流与发展。语言本身存在比较强大的交际性功能，由于该功能的存在，人们可以在多样化的交际中自如地应对多种变化，进而产生更多的新型语言，产生更多的基于生活、生产实际的东西。

（二）功能

事物的特点决定了事物的功能，特点与功能密不可分，语言也是如此。

1.语言是文化信息的载体

语言是人类保存、传递、领会人类社会历史经验和科学、文化、艺术成就的手段。

2.语言是人认识世界的工具

人们既用语言进行思维，又用语言调节行为。

3.语言是交际方式和交流思想的手段

语言能够承载大量的信息，几乎适用于所有生活领域，只要具备正常的发音生理条件和必要的神经心理条件，任何人都可以自由运用它。语言是人类表达情感和传递信息的媒介，人类天生善于交流，因为交流能够满足人们作为社会动物的需求，使人们产生情感共鸣并传递信息。语言是人类的基本特征之一，是联系社会的纽带。人们在日常交流中，通过问候、告别和交谈等方式来表达彼此之间的情感。基于共同的生活方式和文化传统，它的交流范围涵盖了天气、饮食、风土、兴趣爱好、趣闻等多个领域，丰富多彩。除此之外，它还是确保同一语言社群成员具有归属感的基本手段。

人们经常把语言的中介功能细分为4小类：指令、疑问、表情、激情。

（1）指令

指令功能是指语言被用来发布命令。在英语中，多种句型具有指令功能，最常见的是祈使句，主要表达强烈的要求或直接的指令。如“Shut the door.”又如“I advise you not to do it.”再如“You ought to finish it in time.”婉转些的指令可用虚拟语气来表达，如“If I were you，I would take it.”指令并非总是要求听话人去做事情，相反，也可以是为听话人提供东西，如“Have a cup of tea.”

（2）疑问

疑问功能是指说话人用语言从他人处获取信息。最常见的是一些需要回答的问句，如“What is this？”“Where were you last night？”“What do you think of it？”“How do you feel now？”这些问题关注听话人的观点、态度、判断及感觉等方面。

（3）表情

表情功能是指语言被用于表达说话人的感情。最常见的句型是感叹句，如：“Good heavens！ My God！”其他句型有时也有这种功能，如“I’m terribly sorry about it.”表道歉；“We are very grateful to you.”表感谢；“I didn’t expect it’s so nice.”表惊讶与欣赏。

（4）激情

当语言被运用于唤起听话人内心的情感时，称之为激情，其意图可能是引起听话人的兴奋、愤怒、惊讶或担忧等强烈情绪。例如，通过讲笑话，可以使听众感到愉悦；广告的目的在于吸引消费者进行购买；宣传单则是用来对公众观点产生影响的工具。显然，表情和激情功能常常被一起使用，例如：当某人表达了对一位候选人的情感后，再次激发他人，也会产生同样的情感体验。相反，若要引起他人的共鸣，则通常必须先表达自己的感受。

随着信息时代的到来和电子科学技术的普及，语言传输的时效性、完整性、便捷性既有了提高，也受到了挑战，而发展的结果是，作为信息载体的语言将产生日益壮大的功能。通过了解语言的特性和功能可以得知：语言系统是人类所特有的且是服务于人类的。语言不仅是信息的主要载体，也是信息的主要媒介。通过认识语言，可以为后期人类处理信息和应用信息奠定基础，也可以从根本上扩大语言功能和增强语言功能，满足不断发展的人类文明的需求。

四、语言思维的界定和性质

长期以来，如何给语言思维界定一个明确且清晰的定义一直都是困扰语言学界的一个难题。哲学家将抽象思维与语言思维等同起来，在他们看来，抽象思维与语言息息相关，如果没有语言的支持，抽象思维就无从谈起。这种定义导致一种误解，即语言思维只是作为抽象思维的工具存在，而不是作为一种独立的思维类型存在。

事实上，人类抽象思维的过程和形式有许多共性，但不同民族的抽象思维却在分类方式、概念系统和抽象表现方式上存在差异。例如，以英语为母语的民族更倾向于使用排列组合、逻辑分析和演绎等思维方式，其结果是创造了拼读文字，而汉族人则更多地基于事物间的联系和类别，抽象出不同门类的意思、语音符号和偏旁部首，如火、石、王等，进而创造出了象形文字。象形系统不仅蕴含着语义和语音的感知因素和感知作用，也具有形象思维的成分，展现了一种特殊的抽象思维呈现。这说明抽象思维是通过语言来表达的，但它与语言的结构是不同的。从某种意义上来说，人们对语言理解的程度取决于他们的抽象思维能力。现实情况也是如此，那些具备强大语言思维能力的人，其所具备的抽象思维能力也是相当显著的，然而，那些具备高度抽象思维能力的人，其语言思维能力并不一定也具备同样的优势。这个逻辑同样可以在其他情况中找到，例如，尽管某人（A）拥有一部手机（B），但拥有手机（B）的人不一定是某人（A），因为还有其他人也可以拥有手机（B）。换句话说，某人（A）只是拥有手机（B）的众多人中的一个。根据这个推论，抽象思维（A）和语言思维（B）之间存在一种内在联系，语言是抽象思维的表达方式，但是不能直接认为语言思维等同于抽象思维。

在传统语言学的文献中，对于语言思维的定义很少提及。当今许多学科，如信息学、传播学等，也经常讨论语言思维的概念，在教授语言的过程中，我国的教师也曾进行过有关如何培养学生语言思维的教学实验，同时外语教学领域也在探讨外语思维的问题。有趣的是，语言思维的确切界定很困难。当人们谈论语言思维时，通常认为它是指通过使用语言进行的思维活动。事实上，人们之前也曾给出过类似的定义，这个定义需要进一步细化，以便从以下两个方面明确其范围和含义。

第一，语言是用来表达抽象思维的工具，同时，语言也是一种思维类型，有着自身的规律和活动方式。这些规律和活动方式受到各种思维方式和心理活动的影响。换句话说，语言思维是仅通过语言进行的一种思维活动，其内部受到其他类型思维和心理因素的影响，但仍有自身的语言及语义生成，以及与概念的合成机制和对现实世界的映射机制。它们不仅拥有持续不断的句法生成或创作机制，还呈现出自身独特的语言系统，遵从着特定的运行和表现规则。人类的进化和文化的发展都让人们拥有了语言思维能力，这种能力可以促进某些思维活动的进行，但也可能对某些思维活动带来一定的阻碍。

第二，人类的语言思维可以分为两种类型：母语思维和外语思维。母语思维是指使用母语所进行的语言思维活动，而外语思维则是指使用各种外语所进行的语言思维活动。有人认为，外语思维是使用外语独特的概念框架进行认知活动的一种方式。另一种定义认为外语思维是指直接运用外语，而无需通过使用母语进行转换或翻译的过程。因此，从中可以得出结论，母语思维是一种基于母语所独有的概念系统进行认知活动，或者使用母语进行交流的思维方式。外语思维指的是针对外语所形成的概念、系统以及表达方式进行认知活动和交流的过程。这些定义实际上都基于对语言思维特性的认可，也就是说，语言系统是一种有思维和想象能力的心智活动类型，语言思维不仅不能与其他思维类型等同，而且与其他思维类型之间的界限非常微妙。

不同的语言体系拥有各自独特的语言思维模式和规则，同时也承载着不同民族文化与思维方式的特点。例如，汉语的语言思维注重意义理解，对表层结构并不重视，在表达中使用的具象词语多于抽象词语。英语思维方式倾向于将意义和结构联系在一起，使用的抽象词汇比具体词汇更多。不同的语言系统虽然各有特点，但它们之间共享着许多语言思维上的共性，具体表现为语言思维的模糊性、对上下文的依赖性、意义预设性等方面的共同点。

第二节　关于文化

一、文化的概念

定义和限定文化这个概念是非常具有挑战性的，它包含了非常复杂和广泛的意义，因此很难给出一个清晰、准确的定义。然而文化的共同特征在于其具备历史性、内涵丰富且拥有丰富的故事元素。许多哲学家、社会学者、人类学家、历史学家及语言学家一直在致力于从不同学科的角度诠释文化的定义。可惜的是，目前还没有一份被广泛认可且令人满意的定义。文化可以被视为社会的普遍现象，是人们在社会实践过程中形成的精神成果；另一方面，文化也被视为历史的反映，是人类漫长的历史长河中所孕育而生的产物，是社会历史的积淀。文化是一个国家或民族的历史、地理、生活习惯、传统习俗、文学艺术、行为规范、思维方式、价值观念等凝聚在物质之中但也超越物质的一种普遍认可且可传承的意识形态，是人际交流和交往的基础。

人们在批评一个人时经常会引用这样一句话："没文化真可怕"。可是"文化"到底指的是什么？是学历？是经历？是阅历？笔者以为都不是。文化应该是一个人的综合素质，它包括知识、能力、道德和人格等各个方面。学历并不能证明一个人具备文化素养。文化可以表述为广博的知识体系和深厚的修养。

从广义上来说，文化是人类在其社会历史发展的过程中创造出的物质及精神财富的总和。主要包括三大方面的内容：物质文化；制度文化；心理文化。物质文化是多样化的物质文明，这种物质文明是被人们创造出来的，比如服装和日常生活用品等，其属于一种可见的文化和显性的文化；制度文化对应的制度有生活制度、社会制度及家庭制度；心理文化对应的有人类思维方式、审美价值观及宗教信仰，这些文化都是隐性的文化，是不可见的。

狭义的文化是指社会中广泛存在的传统行为方式、生活习惯、礼仪规范、道德准则等。它代表了一个社会的共同认知和价值观念，并反映了人们在日常生活中的行为表现。英国文化学家爱德华 · 伯内特 · 泰勒(Edward Burnett Tylor)在 1871 年的《原始文化》一书中，提出了狭义文化的经典学说，认为文化是指人作为社会成员所具有的综合能力和习惯，其中包括知识、信仰、艺术、道德、法律、习俗等方面。这些元素相互关联，构成了文化的复杂整体。

文化属于一种意识，不仅和人生有关，也和社会关系相关。文化主要包括三大内容：价值观；社会思想；社会道德。社会经济和政治实践不仅属于文化的重要基础，也属于文化的主要载体，特定的社会经济和政治状况形成相应的文化。关于社会经济、政治的思想及由经济、政治构成的人生过程的思想认识是文化的主要内容。文化不仅可以起到制约、规范人意识的作用，还可以起到规范人行为的作用，另外还是促进社会变革的重要根据和主要先导。

什么是文化？尽管社会各界的学者对“文化”展开了广泛而深入的研究，但是却并未得出一致的意见，呈现出众说纷纭的局面。有学者从文化的外延角度出发提出了如下主张。他们认为文化是一种无形的存在，与可触摸可以观察到的有形的物质截然不同，它是人类的各种精神现象或产物，伦理道德、知识学问、风俗习惯等都属于文化的范畴。还有学者认为所有不属于物质自然的事物都可以被归类为文化，也就是说，所有被人类或人类社会赋予痕迹的存在都可以被看作是文化。还有学者认为，把人类所创造的物质和精神财富加起来，就能得出文化这个概念。梁漱溟也认为文化是人生活所依靠的一切。[①] 这种定义涵盖了科学技术、语言艺术等方面的文化元素，同时也将社会制度、法律、政策和管理机能等因素都视作文化的一部分，这个定义几乎包括了人生和社会生活的方方面面。文化在人生和社会活动的方方面面中都扮演着不可或缺的角色，它的影响力也是无法忽视的。然而，人们不能简单地将所有事情归因于文化，就像不能将所有事情都解释为经济或政治原因一样。文化虽然涵盖了社会生活的许多方面，但并不代表社会生活的所有方面都属于文化范畴。彩色电视采用了红、蓝、绿三种颜色的混合，但不能简单地将其所有色彩都归为红色、蓝色或者绿色。此外，红、蓝、绿颜色都可独立存在，但文化却必须与政治经济相融合才能成为人生和社会活动中不可或缺的元素，如若分离，文化便无从谈起。或许是因为对文化内涵的定义存在差异，才导致了上述文化概念外延的广泛现象。纵观上述文化定义的内涵，可以发现，它们要么将文化定义为人类的全部意识，要么归因于人类劳动所得到的产品，甚至认为文化还包括自然界中的某些元素。本书认为，上述观点都不恰当。笔者以为，文化是人类固有本性中“意识”这一成分的高度凝聚，不过这并非“意识”的全部，而是着眼于人类与社会之间互动关系的意识。关于自然现象和技能的认知则涉及科学技术和艺术等领域。

虽然科学技术和语言艺术同样属于意识的活动，但是意识并非等同于文化。科学技术是为了改变人对自然界的认识而被应用于改造自然物的。语言属于文化的主要载体之一，也是人类个人意识的主要表现，但它并不代表文化的全部；同样地，艺术也只是文化的一部分，而非文化本身。语言展现个体对人生和社会关

① 王平．从中西文化对比中看中国：读梁漱溟《中国文化要义》[J]．文艺生活·文海艺苑，2015（6）：3；17.

系的观念，然而语言并非文化本身。科学技术和语言艺术应该基于专业化的科学研究，尽管这种科学研究与文化之间存在着密切的联系，但也并不等同于文化本身。社会制度、法律、政策和社会管理机构等属于政治领域，它们不仅反映了文化，也对文化产生了约束。然而，它们和经济一样，并不属于文化范畴。人生和社会意识主要涵盖的内容是人们的价值观念、思维方式和道德准则。因而，文化概念的外延主要牵涉到价值观、思想及道德三个方面。

价值观指的是对人生的根本目的、态度，以及对自己和他人行为的评价，包括个人价值观和社会价值观。在实践中，个人的存在、需求、利益和社会关系等因素是形成个人价值观的主要考虑因素。而社会价值观则是在特定历史条件下形成的，带有总体指导性的社会意识，它代表了个人价值观的集合和指导。社会价值观是一种普遍、原则性的观念，而个人价值观则是以个体为基础，是具体和实用的，是社会价值观的具体化表现，直接影响和约束一个人的思想和行为。人们之间的差异，除去外貌、身体素质、年龄、性别、技能等，主要体现在各自的价值观上。价值观是文化的核心和基本元素之一，通常反映在个体的思想和道德观念中。对于价值观来说，不仅属于文化的核心，也属于文化的基本内容，价值观往往体现在人的思想及道德上。思想，不仅是对社会关系的理性化认识，也是对社会发展的理性化认识，其形式多样化，不仅有哲学和宗教，还有人文科学和社会科学等。人是在依据个人意识的基础上参与社会活动的，而对于社会关系来说，也是依靠人的意识来维护和处理的。

社会制度和结构的建立，必须建立在对社会本质的深刻认知上。社会制度和结构的内在因素已经深深地植根于思想之中，因此对其进行认知，实际上是对其中所体现的思想的深刻理解。正是因为这种统一性的特征，才使得思想能够揭示社会关系，制定社会制度和结构。特别是在近现代，一个国家的社会制度主要是通过法律来规范和政府行政来维持的，这种观点的基础是相关社会思想的支持。社会思想的引导是必要的，以确保各种经济、政治等社会活动在社会制度和结构的明确框架下进行。社会思想的阶级特征和历史阶段性非常明显，它展现了各个阶级的利益和观念。道德是人类意识和行为的社会规范，是价值观和思想观念的具体体现，它涵盖了人们应尽的义务、内心的良心、社会信誉以及对幸福的追求等多个方面。道德思想在道德行为、道德素养、道德评判、道德教育和修养等方面仍然占据着重要的地位。在社会发展和人的生活中，个体和个体之间一定会产生相应的行为关系，且一定会形成相应的道德观念。道德会在一定程度上规范人类，且这种规范是非强制性的，是在依靠社会舆论和民间机制的基础上，对人类个人行为制约的规范。道德是在特定化的历史条件下产生的，道德也属于一种社会意识，它不仅可以直接制约人类的个人行为，还无处不在。文化概念又称为文化定义，相关研究结果表明，文化定义主要有以下几种。

（一）描述性的定义

文化描述性定义的代表人物为泰勒，他认为，“文化或文明是一个复杂的整体，它包括知识、信仰、艺术、法律、伦理道德、风俗和作为社会成员的人通过学习而获得的任何其他能力和习惯。”① 泰勒对于文化的定义有着深远的影响，许多专家学者提出了与泰勒相似的主张。这组定义具有如下特点：首先，它将文化视为一个不可分割的整体，因此，几乎所有的定义都涵盖了“整体”和“全部”等词汇；其次，这一组定义力图以列举的方式将文化所包含的所有元素有机地融合在一起。泰勒是第一个在科学意义上为“文化”下定义的人，他的定义具有经典性。历史特殊论学派的创始人弗朗茨 · 博厄斯（Franz Boas）曾受到过泰勒相当大的影响，因此，他虽然扩展并改进了泰勒的定义，但并没有真正从泰勒的定义中脱离出来。这一组定义的不足之处在于：文化具有高度的抽象性，仅仅通过列举的方式对其进行定义是不足以全面涵盖其全部内容的，而且也容易忽略这些定义中没有被提及到的构成文化的其他要素。

（二）历史性定义

赞同文化历史性定义的专家强调文化的社会遗传与传统属性，代表人物为爱德华 · 萨丕尔（Edward Sapir），他师从美国文化语言学家博厄斯，为美国文化语言学的发展做出了突出贡献。萨丕尔为文化下了如下定义：文化被民族学家和文化史学家用来表达在人类生活中任何通过社会遗传下来的东西，主要涉及物质和精神两方面。勃洛尼斯拉夫 · 马林诺夫斯基（Bronis aw Malinowski）、乔治 · 赫伯特 · 米德（George Herbert Mead）等杰出人物也对这一论断持肯定态

① 苏超华．新时代大学英语智慧教学论[M]．长春：吉林人民出版社，2019．

度。[①]文化具有众多特性，历史就是其中较为显著的特性，这些学者从历史性的角度出发对文化的内涵进行了深入的研究，即对“文化遗传”或“文化传统”展开研究，以概括总结文化所蕴含的深刻含义。尽管“遗传”和“传统”这两个术语的词义有些差异，前者侧重于可接受的东西，也就是产品，后者则强调接受的过程，但二者有一个共同点，即它们以相对静止或固定的形式审视和观察文化。对于该组定义来说，过于重视文化稳定性的研究，以及文化对人类所起的过于被动的作用，会使人们产生误解，让人们认为，人类不过是像约翰·多拉德（John Dollard）所说的那样的“文化传统的被动搬运工”，[②]这是比较严重的问题。

（三）规范性定义

文化规范性定义从社会角度出发强调了文化所具有的规则与方式的特性。该组定义的代表人物为美国人类学家克拉克·威斯勒(Clark Wissler)，对于文化的定义，他有着如下论述：“某个社会或部落所遵循的生活方式被称作文化，它包括所有标准化的社会传统行为。”[③]雷蒙德·弗思（Raymond Firth）、哈罗德·拉斯韦尔（Harold Lasswell ）等专家受到该观点的启发，提出了相似的主张。该类定义的共同点是遵循威斯勒所提出的“由某个社会所遵循的生活方式”这一固定模式。这几位学者更加强调文化发展进程中规范化思想对行为所产生的动态化作用。

（四）心理性的定义

1．强调文化是调整与解决问题的方法手段的定义

部分专家借鉴心理学中的先进成分对文化的内涵进行了概括，这种定义属于心理性定义，主要强调文化是调整和解决问题的有效手段，代表人物为威廉·萨姆纳（William Graham Sumner），他认为“人类为适应他们的生活环境所作出的调整行为的总和就是文化或文明。”C. S. 福特（C.S.Ford）指出：“文化包括所有解决问题的传统方法。”[④]语言学家埃里克·勒纳伯格（Eric Heinz

① 节娟娟．中国传统文化与大学英语教学的融合与渗透研究[M]．北京：中国大地出版社，2019．

② 聂清凯，何浩月．企业文化力论纲[M]．北京：企业管理出版社，2012．

③ 王丽荣，李婧．大学生通识教程[M]．镇江：江苏大学出版社，2018．

④ 薛可，余明阳．人际传播学：新版[M]．上海：上海人民出版社，2012．

Lenneberg)、查尔斯·莫里斯（Charles William Morris）受这些思想的启发，纷纷提出了各自的主张，使文化心理性定义的内容不断丰富。萨姆纳作为美国社会学的领军人物，强调在为文化下定义时注重“调整”这一概念。萨姆纳对文化内涵的归纳总结同文化人类学家对文化下的定义极其接近，只不过范围要狭窄一些。在萨姆纳看来，文化不仅包括“社会习俗”，还应该包括“民德”。福特在萨姆纳和多拉德的基础上提出了“解决问题的传统方法”这一概念，显而易见，福特参考了心理学中的相关内容使得该定义具有明显的心理学倾向。不少研究人员赞同福特的观点并汲取其中的优秀成分，提出了一系列的定义。这些定义所倡导的，文化是人类为适应外界环境和其他人群所使用的一整套调整方法，具有一定的有益成分。但部分定义过度强调这一点，使得概念不够完整和准确。文化的力量不仅在于其能够引发问题，更在于其能够为问题的解决提供至关重要的基础。文化的“功能性”定义之所以无法满足人们的期望，根本原因在于它们忽视了一个重要事实，即文化不仅创造了需求，同时也明确了相应的满足需求的方式。该组定义的另一个缺陷是学者只重视了文化存在的原因和文化形成由来的问题，却没有重视“文化到底是什么”的问题。

2. 强调“学习”的定义

文化“学习”的定义强调了学习因素在文化中的重要意义，代表人物有威斯勒和拉皮尔，威斯勒认为“文化现象被认为是包含所有人类通过学习所获得的行为”；[①] 理查德·特雷西·拉皮尔（Richard Tracy Lapiere）的定义：“一个文化是一个社会群体中一代代人学习得到的知识在风俗、传统和制度等方面的体现，它是一个群体在一个已发现自我的特殊的自然和生物环境下，所学到的有关如何共同生活的知识的总和。”[②] 鲁思·本尼迪克特（Ruth Benedict）、斯图亚特·霍尔（Stuart Hall）等对威斯勒和拉皮尔的观点持赞同态度，并在此基础上提出了类似的定义。这些学者深受心理学中的“学习理论”的影响，认为学习因素在文化中扮演着重要角色。拉皮尔的定义之所以得到众多学者的青睐，是因为当时心理学正处于蓬勃发展的时期，以拉皮尔为代表的部分学者试图将心理学中有关学

① 张艳芳．多元文化背景下跨文化认同理论的内涵及意义分析[J]．文学教育（上），2018（2）：180—182．

② 欧人．现代企业文化导论[M]．合肥：合肥工业大学出版社，2006．

习的理论同泰勒类的一组定义结合起来，为此他们进行了不懈的努力。

在大多数学者看来“学习”这一非遗传因素在文化中占据着重要地位，这就导致他们忽略文化的其他特性。实际上，泰勒在其定义中早已明确指出文化是通过学习获得的，但以他为代表的传统定义并未将学习因素放在首要的位置。人类无论种族，其神经系统和生物特征均有相似之处。不同种族间的人对相同事物有着共同的认知方式和记忆方法。因此，人类的基本学习过程呈现出高度的相似性。对于人类学家而言，他们通常期望心理学家能够对学习的相关规则进行深入的探究，得出科学合理的结论，而他们只需要在结合文化现象的基础上明确“学习是什么”“学习的来源是什么”以及“学习的最佳时间是什么”等问题。虽然文化行为是在加强学习后取得的一种行为，但并不代表一切习得行为都属于文化行为，反过来说，学习只是多样化文化特性当中的一种而已。

3. 强调纯心理性的定义

这组定义的代表人物有盖萨 · 罗海姆（G.Roheim）、丹尼尔 · 卡茨（Daniel Katz）和理查德 · 路易斯 · 尚克（Richard Louis Schanck）。罗海姆提出文化由所有具有升华作用的替代物和反应形成物构成；卡茨和尚克认为文化是指人与人之间存在的态度关系，人们经常将文化与社会的概念混淆，相较于社会的客观性，文化的主观意识更加强烈，它指的是在一个特定的社会环境下发生在个人身上的事情，而这些所发生的事情是因人而异的。[①] 这两个定义分别从心理分析的角度和社会心理学的角度来定义文化。

（五）结构性定义

结构性定义主要强调文化的模式或结构层面。其中以威廉　奥格本（William Fielding Ogburn）和迈耶 · 弗朗西斯 · 尼姆科夫（Meyer Francis Nimkoff）的定义为代表：“一个文化包括各种发明或文化特性，这些发明和特性彼此之间含有不同程度的相互关系，它们结合在一起构成了一个完整的体系。围绕满足人类基本需要而形成的物质和非物质特性使我们有了自己的社会制度，而这些制度就是文化的核心。一个文化的结构互相连接形成了每一个社会独特的模式。”这一组还包括美国结构功能学派的代表人物罗伯特 · 雷德菲尔德（Robert Redfield）、

① 薛可，余明阳．人际传播学：新版[M]．上海：上海人民出版社，2012．

拉尔夫·林顿（Ralph Linton）、克莱德·克拉克洪（Clyde Kluckhohn）等人的定义。[①]对于该组定义来说，站在新的角度上进行了文化定义的深化和优化。文化是以行为为基础的概念模式，也是可以解释行为的概念模式，但文化本质上不属于行为。因此，文化已经和行为的显性相远离，且和文化的可观察性标准相远离，已经成为人们生活当中的主要规划体系。文化虽然属于一种生活规划，但却属于生活本身。文化是可以被人们选择的东西，也是可以引导人们生活行为的东西，但不是反应本身。通过了解这些内容，可以实现文化和行为概念的分离，将文化从人类活动的概念当中抽象出来，而针对文化概念本身来说，是存在一定选择性的，且这种特性是潜在的。

（六）遗传性定义

1. 强调“文化是人工制品”的定义

强调“文化是人工制品”的这组遗传性定义涉及的内容比较多，其中G.J.福尔瑟姆（G.J.Folsom）的定义最具代表性，他指出：“文化不是人类自身或天生的才能，而是人类所生产的一切产品的总和，它包括工具、符号、大多数组织机构、共同的活动、态度和信仰。文化既包括物质产品，又包括非物质产品，它是指我们称之为人造的，并带有相对长久特性的一切事物。这些事物是从一代传给下一代的，而不是每一代人自己获得的。”这一组定义还包括乔治·彼得·默多克（George Peter Murdock）等人的定义。[②]这些学者虽然在定义中都提到了文化的其他特性，但他们的重点都放在了文化的遗传特性上，所以他们在定义中常常使用“人类社会生活的结晶”和“人类相互作用的产品”这类典型的社会学术语。

2. 强调观念的定义

强调观念的一类定义强调文化的观念因素，其中包括莱斯特·弗兰克·沃德（Lester Frank Ward）的定义“任何人如果愿意的话，他可以把文化说成是一种社会结构，或是一个社会有机体，而观念则是它的起源之地”。这一组定义站在了文化定义研究的最前沿，因为它们提出了一些文化人类学家必须面对的问题。

---

① 节娟娟．中国传统文化与大学英语教学的融合与渗透研究[M]. 北京：中国大地出版社，2019.

② 吕宛春，赵书虹，罗江波．旅游企业跨文化管理[M]. 天津：南开大学出版社，2009.

而且这些学者试图从“风俗”“形式”和“规划”这些相对比较松散的概念中抽取其最核心的概念，即所谓的观念，这就把文化概念从过去较低的层面提升到了一个较高的层面。①

3. 强调符号的定义

强调符号的一组定义强调文化中符号的因素，其中包括美国新进化论学派的代表人物——莱斯利·怀特（Leslie White）的定义：“文化是一组现象，其中包括物质产品、身体行为、观念和情感，这些现象由符号组成，或依赖于符号的使用而存在。”②

这组定义与强调价值观的定义有一定的联系，因为“符号”含有价值观赋予外界特定事物以意义的内涵。如果这一观点是正确的话，那么在给文化下定义的过程中，就会涉及“符号”的概念。但至今只有极少的学者在他们的文化定义中提到“符号”的概念，这是一个值得思考和探究的问题。

二、文化的本质

（一）文化的要素

1. 精神要素

精神要素又被称为精神文化，其有着丰富的内涵，不管是哲学、具体科学，还是宗教、艺术，抑或是伦理道德和价值观念，都属于精神文化范畴。价值观念是最为核心的元素，它扮演着至关重要的角色。精神文化，作为文化元素中最具生命力的一部分，是推动人类创造活动的不竭动力。在人类历史上，没有任何一种文化能像精神文化那样对人的发展产生如此巨大而持久的影响。人类若缺乏精神文化，便难以与动物区分开来。价值观念是衡量一个社会成员对行为和事物进行评价，并在各种可能的目标中选择符合其意愿的目标的准则。人类内心深处存在着一种标准，它通过态度和行为的表现，决定了人们对生活目标和方式的欣赏、追求和选择。人类所创造的一切物质和非物质产品，都蕴含着一种深刻的价值观

① 薛可，余明阳．人际传播学：新版[M]. 上海：上海人民出版社，2012.

② 姚孝军．国际商务管理沟通的跨文化研究[M]// 当代外国语言文学学术文库．北京：对外经济贸易大学出版社，2010.

念。因此，价值观念也可以说是一种文化现象，它不仅包含着一定时代、民族的经济结构和意识形态，而且还包括了生产、流通和消费等方面的内容。创造者的价值观念在产品种类、用途和式样中得到了充分的体现。

2. 语言和符号

不管是语言还是符号，都有一个性质，那就是表意性。在人们的实际交往和生活中，语言和符号能起到促进人类交流的作用。对于语言和符号来说，也属于文化积淀及文化贮存的主要手段。只有在依赖和应用语言、符号的基础上，才能促进人类的正常交流和沟通，才能使得人们主动创造文化和创造物品。在文化创造的过程中，必须依靠语言及符号的反映。通过应用语言及符号促进社会生产和社会发展，创造多样化的社会文化和经济文化，是人类特有的一种属性。

3. 规范体系

所谓“规范”指的是在某一地区内得到人们普遍认可的准则，并以之指导人们的行为。规范的内容极其广泛，既包括人们约定俗成的准则，如风俗习惯等，又包括明文规定的准则，如国家明令禁止的法律条文、群体组织制定的规章制度等。各种规范之间的并不是彼此孤立、隔绝的，而是相互联系、相互渗透，互为补充，共同调整各种社会关系。“规范”规定了人们活动的方向、方法和式样，规定了语言和符号使用的对象和方法。“规范”是人类为了满足需要而设立或自然形成的准则，是价值观念的具体化。“规范体系”具有外显性，要想了解一个社会或群体的文化，首先必须认识规范。

4. 社会关系和社会组织

任何事物的产生和发展都离不开相应环境的支撑，而社会关系就是上述各文化要素的基础。对于任何人来说，生存都是第一要旨，在生产过程中产生的各种关系被称为生产关系。随着社会经济的发展，人类的需求不断提高，单一的生产关系已然无法满足人类多元化的需求，各种社会关系由此产生。社会学家认为，社会关系在文化的产生和发展中起着不可忽视的作用，一方面社会关系是文化的的重要组成部分，另一方面文化的产生又离不开社会关系。确立社会关系的基础在于建立相应的组织体系，而社会组织则是形成社会关系的实体。为了确保各种社会关系的实现和运行，社会必须建立多种社会组织，如国家为了维护国家利益，建立了政府；为了保证国家的长治久安，组建了军队；为了提高人民的教育水平，建立了学校；等等，所有这些都是保证保证各种社会关系运行的实体。任何一个社会组织都包含以下元素：一是明晰的目标，这是该社会组织的发展愿景；二是完善的规章制度，以确保该组织健康成长；三是一定数量的成员；四是支撑社会组织各项活动顺利进行的设施设备，既包括物质因素又包括精神因素。社会关系和社会组织紧密相连，都属于文化的重要组成部分。

5. 物质产品

被人们改造和完善的自然环境，以及被人们创造出来的所有物品，都属于文化的有形部分，比如器皿、服装、建筑物等。在这些物品上，都凝聚着人们的观念意识、生存需求及生存能力等。

（二）文化分类及层次

文化的多元性与复杂性相互交织，呈现出一种错综复杂的面貌。因此，文化的分类标准难以明确界定，而对于具体的文化划分，往往是从某个特定的视角出发进行的，这是一种全新的尝试。

对于文化来说，主要可分为两种：生产文化和精神文化。在生产文化中，科技文化比较常见；在精神文化中，生活思想文化比较常见。不管是什么文化，都可以被应用到人类的生活和实践中，没有不被生活所用的文化，且不管哪种文化，都包含关于人类生活和生存的相关内容，不仅有理论内容和生存方式内容，还有生活理念内容及认识内容。

按照一些人类学家的观点，文化可以被划分为三个不同层级：高阶文化、大众文化和深层文化。每一个层级都蕴含丰富的内涵，其中高级文化涵盖了哲学、文学、艺术、宗教等领域。大众文化是指广泛普及的文化元素，人们习以为常的风俗习惯、行为方式和生活方式都属于大众文化的范畴。深层文化指的是价值取向，包括个体对美丑的定义、生活节奏、解决问题的方式以及和与个人角色有关的性别、阶层、职业和家庭关系等方面的文化因素。深层文化是高级文化和大众文化的基石，决定着高级文化和大众文化的发展方向，大众文化和高级文化则是深层文化的延伸，如人们可以在大众文化中的习俗或生活方式中寻找到深层文化的踪迹，同样也可以在高级文化的作品主题和艺术形式中发现深层文化的影响。广义的文化包括四个层面：一是物质文化层，该层面是人在社会实践中所进行的物质生产活动和创造出物质产品的总和，包括一切能被人类感知，具有物质实体的文化事物，如古代流传下来的建筑作品、石碑、玉器等都属于物质文化层；二是制度文化层，由人类在社会实践中建立的各种社会规范，包括统治者为了维护本阶层的统治地位所制定的各项制度，如社会经济制度、婚姻制度等，封建社会的宗族为了保证宗族的繁衍和持续发展而制定的家族制度，宗教社团为了维护本集团的利益而制定的规章制度等，该层面的制度具有强制性，要求团内的成员必须遵守；三是行为文化层，该层面与人们的关系最为密切，由人类在社会实践中约定俗成的风俗习惯构成，是人们日常生活所要遵循的行为准则，不同的地区、民族的风俗有着显著的差异；四是心态文化层面，该层面对人们的影响最为深远，是文化中的核心内容，不仅包括人类社会实践中所形成的价值观念，还包括人类进行思想意识活动所构成的审美情趣、思维方式等。心态文化层又可细分为社会心理和社会意识两个层次。

文化哲学将文化结构分为三个级别，即物质文化、制度文化和精神文化。其中，物质文化是在物质生产过程中创造出的所有物质产品及其生产方式。制度文化是精神文化表现为物质文化的中间环节，是深层文化心理结构在规范层面上的展现，用于反映和确定社会关系，并对这些关系进行整合和调节。精神文化，也称为观念文化，是以心理观念和理论形态存在的文化。它不仅包括存在于个人心理中的文化心态、文化观念和文化信念，还包括经过理论化和客观化的思想体系。

（三）文化的本质分析

文化本质是什么始终困扰着人们，且无法得到解答。通常来说，被人类创造出的物质文明与精神文明的总和，就是文化。这种对于文化的理解，最终引入到人们的社会实践问题上。在“人”与“文化”之间，是存在一种对应关系的，且这种关系是相互塑造的关系：在人的本质问题的理解上面，不能与“文化”研究相脱离，不能脱离“文化”这对象性活动的结果；同样的道理，如果想要明确“文化是什么”这个问题，也不能与人类的社会实践活动相脱离。从这里可以看出，人属于文化的存在形式，而文化的本质在于“人化”。

人类之所以会进行文化活动，就是为了挖掘自身的本质，证明主体能力，因此文化的价值在于揭示人性之谜和人类社会生活之谜。文化是一把开启这些谜题的钥匙。实践是人类文化最基本、最根本的方面，它是人类文化发展的基本动力，也是推动人的历史进化的根本力量，贯穿于人类的全部活动。人类参与怎样的实践活动就会构成一个什么样的文化世界。人类的文化是人类精神的一种自我确认，必然具有人类特性。正如马克思所阐述的，人类社会的生活本质上是通过实践来进行的。实践是推动文化创造的动力，从一个方面来说，通过实践的成果（物质文明和精神文明的总和）展现了文化的核心内容；从另一个方面来说，在实践的过程中，实践者也获得了自我肯定。马克思特别重视广义文化，认为它是基于人类集体的相对稳定的行为方式，并与人类的内在生命紧密相连。

文化源自人类的精神需求，这种需求是人类超越自身生物本能的表现。同时，它也与人的物质需求密切相关。因此，文化作为人类社会交流和沟通的象征性符号系统，必然具有无限扩张的特性，以及弥散于特定人群的文化心态和氛围。文化在人类的所有创造活动中都具有极为丰富的表现形式，例如思维方式、意识形态、风俗习惯及情感方式等方面。马克思在他的《经济学－哲学手稿》中阐述了一种思想，即人类的生产活动与各种具体文化形式之间有着内在的联系。

在马克思看来，文化的特殊形式如宗教、国家、法律、道德、科学和艺术等，实际上都是生产活动的产物，是人类实践活动的结果。因此，人类实践活动和文化活动的特性是相互关联和一致的。人类的历史就是人们不断进行的生产和实践活动的历史，也是人类文化的历史。这段历史记录和证明了人类本质力量的特征，它是一本随着人类实践和文化不断进步而不断概括和展示人类本质特征的书籍。总之，只有通过文化，人们才能彰显人作为文化存在的本质特性。这也是人与动物之间重要的差别所在，同时也能够反映出人们的需求、能力以及发展水平等。文化的本质在于“人化”，即赋予人类以人性，推动人类的全面发展，人们一直追求着自我完善和发展，这也是文化多样性的主要动力。

人类创造了文化，文化反过来又对个人的成长成才和群体的发展起着能动作用。人是文化的核心，所有文化实践和创造都是由人进行的，文化的演进是由人的行为演进而来的。人们不仅凭借实践将自己塑造成与自然相对矛盾的主体，还在此基础上创造了独具特色的文化领域。人在接触不同文化的过程中，不仅能够认同自我所处的现实环境，还能够展望到未来可能的世界，这为对象世界注入了更为深刻的文化内涵。

三、文化的特点

（一）文化是由人类进化过程中衍生出来或创造出来的

文化并非自然形成的事物，而是人类经过漫长时间的加工、创造和改造而成的。例如，吐痰并不属于文化现象，但把将痰液吐到痰盂中则构成了一种文化表现。水并非文化的一部分，而水库则可以算作一种文化传承。石头并不被视为文化的一部分，但石器作为一种文化形式，却具有独特的文化价值。

（二）文化是后天习得的

文化并非源自先天遗传的本能，而是通过后天的学习和实践所获得的经验和知识。男生、女生这些先天的遗传因素并不属于文化，而“男女授受不亲”或“男女恋爱”这样的观念和行为方式才属于文化的范畴。前者是基因决定的，后者是通过学习获得的。人们通过后天学习获得了各种文化元素，如语言、习惯、风俗、道德、科学知识和技术等。

（三）文化是共有的

文化属于一种社会性产物，这种产物是人们共同创造出来的。因此，只有被社会全体人员接受和认可的产物才能被称为文化，文化属于一种私有化的物质。对于那些不被社会群体接受的东西，不属于文化，比如个人怪癖等。

（四）文化是一个连续不断的动态过程

文化是一种特定社会、特定时代的产物，它代表了社会的遗产，并且是一个由长时间连续积累而成的过程。每一代人都在特定的文化背景下降生，并且不自觉地接受前一代人的传统文化。每一代人都会根据他们的经验和需求对传统文化进行改良和创新，从中汲取新的元素并舍弃过时、无用的元素。

（五）文化具有民族性和特定的阶级性

“文化”听上去是一个具有抽象意义的词汇，一时之间无法描述出该事物的具体形象，然而在现实社会中，文化又体现为具体的形式。如人们将古希腊人才辈出、技术先进的时期概括为古希腊文化；将中国思想开放、艺术成果斐然的古代概括为中国古代文化；又将中国经济腾飞，人民生活富足，思想多元化的现代称为中国现代文化。不同地区、民族孕育了不同的文化，这些具体文化的产生、发展受到了多种因素的影响，其中起主要作用的是自然环境和社会物质生活条件。如原始时期的石器文化就离不开石头这一生产工具，没有石头，石器文化就无法谈起；茶文化的产生和发展有赖于适宜生长茶树的自然环境，只有拥有种类繁多的茶树，才能领略到饮茶文化的魅力；欧洲贵族的“沙龙”文化的产生也离不开富足的生活、布置精巧的客厅，以及闲暇的时间，整日忙于生计的普通百姓是无法体会“沙龙”文化的魅力的。文化具有时代性、地区性、民族性和阶级性。民族形成后，通常会呈现对应的文化形态。一个民族的文化体现在民族成员共同使用同一种语言，遵循相同的风俗习惯，以及对于心理素质和性格的培养。在阶级分化的社会中，不同阶层的人们由于物质生活条件和社会地位的不同，导致他们的价值观、信仰、习惯和生活方式等方面存在着显著差异，这是文化多元的一种表现。

（六）文化的自我延续与自我更新

任何一个民族的文化都具有两种功能：一是自我延续，二是自我更新。但是，只有那些具备健全文化心态的民族才能根据社会环境的变化，不断调整自身的文化体系，平衡各方面的关系，实现稳定与发展、延续与更新的辩证统一，从而使他们的文化不断升华、茁壮成长，就像是一棵不断生长的文化之树。文化的自我延续可以在其形态方面反映出经济、政治的相对稳定性。文化需要自我更新以保持其活力和发展，这种自我更新是文化在经济、政治方面变迁的表现。经济和政治生活的变化程度与稳定程度的平衡，影响了文化形态的自我延续和自我更新。

中国传统文化之所以令人钦佩和着迷，不仅因为其源远流长、历史悠久，更在于它能够在内忧外患中展现出顽强的再生能力。在中国文化史上，先秦诸子哲学、两汉经学、魏晋玄学、隋唐佛学、宋明理学及清代朴学，依次呈现出了丰富多彩的文化面貌；在文学领域中，汉赋、唐诗、宋词和元曲等作品相继问世。这一切无不显示着一个民族精神世界的不断开拓和丰富变化，体现着这个民族对自身历史的深刻认识和自觉反省。中华传统文化的发展历程呈现出一脉相承的连续性和完整性，同时也表现出多变、更新、形态多样的特点，彰显了中华文化自我延续和自我更新的高度统一。然而，在过去的百年中，却出现了很多问题，其中一个重要原因是，随着经济全球化进程的加快，西方文化不断冲击着中国传统的价值体系，传统的中国文化的价值观念、思维方式、行为规范等与现代文化观念发生了严重的不协调性。

具体表现在以下方面：传统的封建传统观念与现代社会的网络结构之间存在冲突；网络社会结构中的平等原则与传统文化中的等级观念之间的冲突；现代社会所要求的民主法制与传统文化中基于人治的观念的相互抵触；实现个性全面发展和共性消融的群体原则之间存在矛盾；等等。这表明，中国传统文化在自然经济和农业宗法社会中积淀了很久，现在需要自我更新并将其人文价值再造，以适应不断变化的历史使命。

（七）文化的自我认同与对外适应

不管哪个国家和哪个民族，在具体的文化发展过程中，都会产生相应的矛盾运动，从一个角度上说，要维护本族的文化传统，要凸显出本民族的特色；从另一个角度上说，要不断吸收外来文化，完善我国文化体系。这种矛盾运动可以认为是“认同”和“适应”之间的矛盾。要想消除该矛盾，必须从“认同”和“适应”两大方面入手分析。首先要进行民族文化认同研究。每个民族都有独特之处，区别于其他民族。民族所长期积累的文化传统属于一种源远流长的精神财富，这种财富是促进民族持续发展的基石和前提。大力弘扬文化传统十分必要，不仅可以增强民族自信心和自尊心，还能培养民族自强精神。有传统文化作为基础，各个民族在面对历史挑战的时候，都有动力去迎接挑战、解决问题，让民族重获新生。

（八）文化的辩证综合与创造

“五四运动”以来，人们就一直在探讨中国文化建设的具体路径。总的来说，中国文化在发展过程中有三条道路：第一是故步自封，墨守成规，以大国自居，自认为高人一等，实践证明，这条道路是行不通的；第二是全盘西化，完全拥抱西方文化，摒弃本土文化传统，这种做法不仅不可取，而且无法持续发展；第三是积极吸纳来自世界的先进文化成果，同时坚持保护本民族文化的独立性，在发扬传统优秀文化的同时，积极创造自己的新文化，力争与发达国家并肩前行，这才是正确的发展方向。

在中国文化的发展问题上，主要有三大研究派别，主要包括自由主义的全盘西化派、保守主义的儒学复兴派、马克思主义的综合创新派。这三派是年代文化讨论中三个最主要的思想派别，其中综合创新派的主张可谓独辟蹊径。这一主张不仅有辩证法的世界观、方法论的支持，而且也是先进的中国人长期缜密思考的结果。在五四新文化运动的洗礼下，中国的马克思主义者也相继提出了古今中西文化辩证综合的思想。要想促进中国文化的长期发展，必须实现古代文化和现代文化的有效融合，要把外国的优秀文化融入本国文化体系中。

在同个文化系统当中，存在的要素是比较多的，不仅存在相容的要素，也存在不相容的要素。对于相容的要素来说，它们是无法分离的，是存在相互作用和相互促进关系的，是保证文化系统稳定性的主要机制；如果存在不兼容的因素，可以将其分离。因为前者可能会成为系统崩溃的导火索，而后者则可以成为新系统的建设要素。这不仅是它们各自独立的基础条件，也是它们互相增进和融合的重要基础。基于这个理解，马克思主义文化派认为，不仅要反对东方文化优越论，而且要反对完全西化论，提倡吸收中西文化的优秀之处，打造出全新的中国文化。

无论是中国古老的文化系统，还是西方文化系统，抑或是其他民族的文化系统都有着合理的成分，这就要求我们对其进行科学的分析。对于现代中国物质文明和精神文明的建设，应该选择有益的事物，拥抱它们；而对于无益或有害的事物，则应该摒弃或加以批判肃清。通过吸纳各种文化的优秀元素，就能建立一个包容古今中西不同文化之间互补关系的宏大文化体系，就像百川归海一样。这项工作不仅是对组合进行了优化，更是一项富有创造性的任务。它既能使我国在新的历史条件下更好地把握自己的优势和特点，也有利于促进世界文化多样性的发展。通过实施这项工作，中国传统文化必将迎来一次质的跨越。

第三节 语言与文化交融

一、语言与文化的关系

语言与文化的关系长期以来备受关注。19 世纪德国语言学家洪堡特认为，一个民族的语言就是他们的精神，一个民族的精神就是他们的语言，语言与文化有重合关系。[①] 陈建民曾经把语言和文化比作一张皮的两面，他曾说："语言与文化

① 宫笑炎，吴学辉．从语言三要素看民族语言、民族文化和民族思维方式[J]. 今古文创，2021（11）：127-128.

是一张皮，不是毫无联系的两张皮，对这张皮，我们可以从这一面看看，也可以翻过来从那一面看看，即进行语言和文化关系的双向交叉研究。”① 无论是将语言与文化的相互关系描述为重合、包含还是交叉，都不难发现，语言与文化之间的紧密相连，密不可分。目前，人们对语言与文化之间的关系已达成以下共识：语言是文化的重要组成部分，承载着文化的精髓，对文化的塑造和发展具有至关重要的作用；文化是语言的基础，没有文化的支持，语言难以存在独立存在。

语言也属于一种典型的社会现象，不同的语言代表着不同的文化。虽然之前相关学者对语言和文化的关系进行了探讨，认为两者关系密切，对应的是交叉关系和重合关系，但还需要加强对语言中文化和文化中语言和各种作用方法的研究和探讨。语言是文化的载体之一，语言可以将文化的多种要素融入自身当中，并使各种要素在自身当中体现，最终成为语言当中的文化折射。同样，语言的起源与生成、结构与形式、使用与演变都要受到多种文化因素的影响，且这种影响程度是不同的，成为文化中的语言映射。语言作为一种载体，不是与文化相分离的，而是受文化环境条件影响的，属于一种特殊的文化现象。语言和文化是相互交融和交织的关系。语言接触对应的就是文化接触，是语言负载的文化的接触与融合。以语言接触为媒介的文化融合必然体现在语言中，属于语言接触的过程。语言接触的过程属于文化融合的过程。语言接触和加强文化融合，不仅可以让人们更加深入地了解本民族文化，还可以让人们了解异族文化，让人们在明确不同民族文化契合点的基础上，实现两者的有效交融，最终构建出利于语言接触和文化交融的文化体系。

（一）语言是文化的重要组成部分

语言和文化的关系是语言学界研究的重点问题，他们一致认为语言是文化的重要组成部分，之所以得出这样的结论，是因为语言具有文化的特点，具体表现在如下方面：首先，从文化的内涵来看，文化是人类在社会实践中创造的宝贵财富，是人类智慧的结晶，不管是物质财富还是精神财富都属于文化的范畴，而语言则是人类为了生存和繁衍而创造出来的精神财富，因此语言是文化的重要组成部分，且二者都是人类区别于动物的显著特征，是人类社会所独有的。其次，文

① 郭娟．外语教学与语言文化[M]．长春：吉林文史出版社，2016.

化并不是与生俱来的，需要人类后天经过学习才能掌握的，语言也同样如此，它并不是生物性的遗传，而是人们后天习得的。再次，文化是某一民族全体成员共同创造的产物，是全民族的共同财富，凡是该民族的成员都受到本民族文化的影响，语言同样具有社会性的特征，为全社会所共有。美国语言学家沃德·古德诺夫（Ward H.Goodenough）在《文化人类学与语言学》一书中也明确地指出了语言与文化的这种关系，他说："一个社会的语言是该社会的文化的一个方面，语言和文化是部分和整体的关系。"

（二）语言接触是人类语言的普遍现象

不同民族之间的互动和交流为不同文化之间的互通创造了机会，同时也间接促进了不同语言之间的交融和互相借鉴。所有语言都会与其他文化和语言产生交流和影响，在演化和发展过程中，这种影响程度也有所不同。语言接触是指不同语种之间的接触现象。关于语言接触，可分为两种情况：其一是指语言本身的交流接触。语言接触产生的影响表现在各个方面，例如借词的增加、音系和语法模式的演变、语言形式的混合以及各种双语现象的广泛出现。其二是语言负载的文化的接触。语言是文化的重要载体，它既反映了一个社会、一个民族、一个地区或一个国家的意识形态、世界观和价值观等，也展示了不同文化间相互交流的过程。

语言接触的影响主要包含以下两方面的内容：一是因为语言接触而形成的语言影响，不同民族的语言在接触过程中不断碰撞、冲突，进而交融，汲取对方语言中的合理成分以丰富自身的语言体系，从而增强自身语言的活力，推动语言的健康持续发展；二是语言接触所带来的语言认同，语言是文化的载体，不同语言之间的沟通交流从本质上来说就是不同文化体系之间的碰撞，促进了文化之间的融合。任何一个民族的文化，都是在全球文化的广阔背景下孕育而生的，文化是民族的精神支柱，是其灵魂所在。因此，必须把各民族所创造的文化放在整个社会大系统中来认识。通过促进文化交流与融合，可以打破本民族文化的地域和模式限制，跨越国界，获得全世界的文化认可和接受，从而使本民族的文化资源成为全人类共享和拥有的宝贵财富。文化融合是相互作用的，既涉及对他人文化的不断理解，也包含对自己文化的不断审视与理解。简而言之，文化发展离不开文化融合，文化融合造就更为优秀的文化，这是文化发展的规律。

（三）语言与文化相互影响、相互制约

可以从语言与思维的关系以及语言在文化传承中的作用这两个角度去了解语言和文化之间的相互关系。语言是人类思维的媒介，而文化的形成则不可避免地依赖于思维的作用，不管是物质文化还是精神文化都是思维的产物，不同之处在于，精神文化是思维的直接产物，而物质文化则是思维间接影响下的产物。语言对思维有着一定的制约和影响，这是因为语言是人们认识世界和改造世界的思维工具，当人们在现实生活中遇到问题时，通常会运用多种思维方式来思考解决问题的方法，语言在其中发挥着不可估量的作用，它在一定程度上决定了思维的方式、范围和深度。然而，随着思维的不断发展，当语言形式无法满足其需求或成为其发展的障碍时，人们也会有意或无意地改进思维工具，以推动语言的进化。从这个角度上来说，思维又影响和制约着语言。

文化之所以具有生命力，是因为它能够被广泛地传播和传承。语言在某种程度上可以限制文化的传播，但同时也是文化得以传承的媒介。此外，由于文化的普及，特别是外来文化的普及，语言中会涌现出一些新的词汇和表达方式，因此，文化能够对语言产生影响并限制其发展。不同文化背景的人进行交流时，语言与文化之间的相互作用表现得尤为显著。

（四）语言能反映一个民族的文化

语言学界有这样一个共识：语言是文化的一面镜子，要想深入理解某民族的文化就必须从该民族的语言入手，通过理解该民族的语音、语法等方面的知识，间接了解该民族的文化特征，具体来说有风俗习惯和思维特点等。例如，在父母两系兄弟姐妹的称谓上英语和汉语对应的称谓是不同的，在英语当中，只有两个词，即 uncle 和 aunt，而在汉语当中，不仅有伯伯和叔叔，还有姑姑、舅舅、姨，且这些称谓是不能混用的，从这里就可以看出，相对于外国人来说，中国人有着独特的、传统的宗族观念及宗法文化。

二、语言接触中的文化融合

任何一种语言都是一种工具，使用该语言的个体或民族以该语言为载体，用以认识世界、建构思想，表达自身独特的思想感情。语法和语言表达不仅仅是语

言层面的问题，同时也影响到个人所处的文化和世界观。作为一种重要的文化表达方式，语言可以深刻地影响个体的文化心理认知。人们的思维和文化受到语言的制约和建构，因此语言是人们认识、改造和完善周围世界和自我的必要工具。在交际中使用的语言能够彰显文化的归属，因此语言不仅是文化认同的基础，也是其重要的表现方式，这是语言所具有的文化价值。语言文化接触是社会发展的必然趋势，不管人们是主动欢迎还是强烈反对，都无法阻挡语言文化接触的发生。特别是在信息时代背景下，世界一体化进程的加速使得各国交流的领域不断扩展，语言融合现象日益普及。语言和文化相互作用、互相渗透是不可避免且不可逆转的趋势。与其他族群的语言频繁接触有助于本族语言的发展和变得更加强大。语言交流促进了文化融合，使得人们更加深入地了解异族文化，同时也推动了本民族文化的发展。随着语言接触的不断加深，西方文化体系渗透到人们生活的方方面面，如经营管理领域积极借鉴西方先进的管理理念和管理技术，越来越多的人对西方的生活方式感到好奇，西方崇尚自我的价值观念也在不断冲击着中国传统的价值体系，由此可见，文化交融已然成为一种普遍现象且无处不在。

如今，年轻一代已经将 T 恤和牛仔裤视为时尚潮流的代表。针灸疗法和中草药，这些充满中华民族传统文化特色的治疗方式，受到越来越多的西方人的青睐。以上事实表明，中西文化正在相互交流、渗透和融合，这得益于语言之间的深层接触。随着中西文化交流的不断加强和人际互动的不断升温，不同文化间的沟通交流、交融融合的面貌和程度也将更为广泛和深入。

三、文化接触中的语言融合

文化是语言形成和发展的基石，没有任何一种语言可以脱离文化而独立存在。文化的许多方面都反映在语言中，如句子构造和词汇含义等都蕴含着多种文化元素。语言和文化是密不可分的，它们相互依存，没有语言，文化就无法得以流传；没有文化，语言也就无法产生。文化的演进促进了语言的发展，而语言则是文化的一种表达方式。伴随着科学技术的日新月异，经济全球化进程不断加快，各国之间的文化交流日益频繁，不同民族之间的文化相互交融、相互影响。语言是文化传播的媒介，如何利用语言扩大本国和本民族的文化影响力，成为了世界各国思考的热点问题，因此，语言融合成为一种普遍的现象。随着世界范围内的文化交流日益增多，语言融合在文化接触中势在必行。

随着国际交往日趋活跃，中国文化和西方文化的交际渠道不断拓展，沟通领域日益深入，反映当代西方文化的名词术语大量涌入中国，并与中国文化相融合，成为汉语中的常见词汇。如盛行于西方的super market进入中国后被翻译成“超市”；white pollution译为“白色污染”；美国大型连锁餐饮公司Me Donald进入中国市场被翻译成“麦当劳”；汉堡、薯条等的流行使得fast food（快餐）这个词语深入人心；网络和通信技术的成熟产生了“网上购物”（online shopping）等。除了与人们生活息息相关的词汇的不断涌现，反映西方发达国家科技新成果的词汇更是被大量引用，如互联网和通信技术的发展，使得“电脑”（computer）走进了千家万户，越来越多的人体会到“因特网”（Internet）的巨大优势，经营管理界的优秀人士将网络与企业的经营管理结合起来，“电子商务”（Electronic Commerce）由此诞生，并在中国遍地开花。这些新词语的出现直接印证了中西文化交融中的语言融合。文化交流是一个双向传递的过程，文化交流的双方在文化交融的过程中都会汲取对方文化中的优秀成分，不断丰富自身的文化体系。因此，在中国文化与西方文化交融的过程中，反映中华民族传统文化的词语自然不可避免地渗入到西方文化中。如影响中国思想文化的儒教（Confucianism）、道教（Taoism）、功夫（kung fu）等已被收入英语词典，成为西方文化的组成部分。随着我国综合国力的不断提升，我国在国际上的影响力日益扩大，反映中华文化的词汇也越来越广泛地融入西方文化和世界文化中。在文化交流的过程中，可以观察到一种趋势，即当前语言中越来越普遍的二语糅合现象。所谓“二语糅合”是指在说一种语言时夹杂进另一种语言的语词、语调的语言表达。例如，汉语中“卡拉OK”“X光片”等二语糅合式的语言表达都是中西文化接触中语言融合的见证。同样，汉语一些词汇的拼音如jiao zi、hu tong、kong fu已经成为英语语言的一部分。总之，文化间的接触促进了语言融合，语言在文化的接触中相互影响、渗透融合。

第二章　英语教学法概论

英语教学法是研究英语教学规律的一门独立的学科。在外语教学过程中发挥着重要的作用。选择一个行之有效的教学法可以使外语教学变得更加科学、有成效，对学生的英语水平的提高十分有帮助。本章主要介绍英语教学法概论，从英语教学法的定义及分类和英语教学法演变历程两个方面进行阐述。

第一节　英语教学法的定义及分类

在英语教学法中，最基本的内容就是它的定义与分类。如果对这两者没有一个清晰的认识，那么很难真正掌握英语教学法的精髓。

一、英语教学法的定义

“英语教学方法”一词在中国英语教学界的词汇表中有不同的含义。在《现代汉语词典》中，“方法”的定义是：“关于解决思想、说话、行动等问题的门路、程序等”。可见，其含义可大可小。在英语教学中，方法可分为三层：宏观层、中观层及微观层。英语教学法中的宏观层，是指有关英语教学的系统理论、观点、主张和操作程序。这些因素相互支持，形成一个相对独立、完整的思想体系，如语法翻译法、直接法等。

英语教学法中的中观层，是指英语教学中的某些规律性的、固定的“套路”，是一种较为复杂的、系统的做法。如 3P（Presentation、Practice、Production）教学法、PWP（Pre-reading、While-reading、Post-reading）教学法等。

英语教学法中的微观层，是指具体的教学技能技巧。“法”一词在该层面不是英语教学的专用术语，而是日常用语，意为解决某一具体问题的某一具体做法，称其为“技能”或“技巧”。如语法教学中的演绎法、语音教学中的跟读法等。

这里所指的英语教学法就是宏观层面的英语教学法，即英语教学的理论体系。为避免与其他层次的英语教学法相混淆，现采用理查兹（Richards）等人于 1992 年提出的观点，将英语教学法定义为：一种以系统的原则和程序为基础的方法，也就是有关如何按最佳方式教授和学习语言的观点。[①] 不同的语言教学法，就是以下六种观点的应用结果。

（1）语言的本质特征。

（2）语言学习的本质特征。

（3）语言教学目标。

（4）教学大纲。

（5）教师、学生、教学材料等的作用。

（6）教学采用的技能技巧和程序步骤。

通过分析这个定义，不难看出，英语教学法是一种建立在系统的原则和程序基础上的语言教学的做法，是有关语言教与学的最佳应用，这些观点涉及以上列举的六个方面。

总之，英语教学法是有关英语教学的思想体系。这一体系分为以下两层。

（1）理论基础。该层主要解决英语教学的基本理论、原则等问题，即英语教学的哲学思考、科学思维和逻辑推理。

（2）操作程序。该层解决的是英语教学中的教学活动问题，即有关教学活动具体内容的决策、技巧等问题。

通过分析这两个层面的内容，能够得出一个结论：理论基础这一层面是科学分析，操作程序这一层面是科学应用。两者的有机结合，就是对英语教学的理想描述。

二、英语教学法的分类

上文中对英语教学法的定义进行了一番探讨，想必每位读者已经对这部分内容有了更为清晰的认识。下面主要围绕英语教学法的分类进行阐述。

人类历史上出现过的语言教学方法都具有鲜明的特征。当然，除了多样性和

① 冯展极，周萍，张丽杰．方法论视域下的英语教学新探[M]．北京：北京工业大学出版社，2016.

个性，也可以看出一些共性。1991 年，纽南（Nunan）根据语言教学法原始理论的共同点，也将语言教学法分为以下 3 大类。[①]

①心理学传统教学法。一般情况下，这类语言教学法以有关学习的心理学理论为出发点，其主要代表是听说法和认知法。

②人本主义传统教学法。这类语言教学法的特点在于，强调学习过程中学习者的情感因素的重要性，其主要代表为社团学习法、沉默法、暗示法。

③二语习得传统教学法。这类语言教学法主要以第二语言和第一语言习得理论为基础构建的语言教学法，其主要代表为自然法和全身反应法。

2001 年，理查兹在他的综合论述教学方法的专著中，把教学法分成以下 3 组。[②]

①传统经典教学法和流派，包括语法—翻译法、直接法、情境法、听说法等。

②非主流教学法和流派，包括全身反应法、沉默法、社团学习法、暗示法、整体法、多元智能法、神经语言理论、词汇法、能力法等。

③当代交际教学法和流派，包括交际法、自然法、协作法、内容法、任务法等。当然，英语教学法的分类还有很多，但无论怎么进行分类，它们都有一个共同点：都包含了对语言教学的基本观点和看法，都在不同的历史时期提出了某种独特的有关语言教学的新主张，并且都试图解决语言学习中的关键问题。

第二节　英语教学法演变历程

英语教学法经历了五个重要的发展阶段，即翻译法、直接法、听说法、认知法和交际法，这些阶段标志着英语教学法的不断进步。前四种教学法旨在传授语言知识和提高语言技能。虽然课程和方法中融入了文化元素，但只有在交际能力理论和交际教学法出现后，教育学者才开始认识到文化在语言教学中的关键作用，这为他们开拓了新的思路。因而，文化的研究、文化差异的探究，以及跨文化外语教学中的探讨等领域得到了迅速的进展。

---

① 王家芝．英语课程设计 [M]. 武汉：武汉大学出版社，2015.

② 黄俐，胡蓉艳，吴可佳．英语翻译与教学实践创新研究 [M]. 成都：电子科技大学出版社，2017.

一、翻译法

翻译法（translation method）在语言教学中的应用已有近千年的历史，然而，学者们将其提升为一套系统、科学的教学法体系，这一进程仅限于过去的一个世纪。最早翻译法被应用于教学上，主要用作教授希腊语、拉丁语等语言的教学方式。欧洲文化深受古希腊语和拉丁语这两种语言的影响，这两种语言在欧洲历史上扮演着重要的角色。直到中世纪时期，拉丁语在欧洲的教会和学校、国际交流以及文学创作中都广泛采用的语言。随着时间的流逝，西欧国家陆续产生了全新的民族语言，这种趋势导致拉丁语的地位开始衰退，拉丁语不再像过去那样盛行。之后，人们只是通过学习希腊语和拉丁语来阅读古典文学作品和科学著作。之后，学校开始使用翻译的方式来进行希腊语和拉丁语的教学。

随着18、19世纪的到来，英法等国家在欧洲逐渐崛起，他们的语言也开始在欧洲广泛传播开来。很多教育机构和学校在全球范围内提供英语和法语课程。在那个时代，鉴于语言学和应用语言学的发展尚未达到成熟阶段，因此寻找一套行之有效的教学方法来传授那些外语仍然是一项艰巨的任务。尽管如此，广泛认可的观点是，在培养阅读能力方面，活语言和死语言共享一些教学策略或规则。因为没有其他方法可用，所以各学校只能采用翻译法，也就是使用教授拉丁语和古希腊语的教学方法来传授知识。随着其发展历程的推进，翻译法作为首要的外语教学方法，因采用多种不同的命名理念而被赋予多重名称。将翻译应用于外语教学被称为翻译法。基于语法作为语言教学的基础，这种教学方法被称为“语法”（grammar method）或“语法翻译法”（grammartranslation method）。根据翻译法倡导者的姓氏定名为奥朗多弗氏法、雅科托氏法。由于语法翻译法继承了拉丁语教学的传统，定名为传统法（traditional method）。为了与新型的教学方法作区别，如注重口语和听力训练的方法，传统方法（classical method）或旧式方法（old method）也被称为翻译法。尽管翻译法的名称各不相同，但它们的含义是一样的。外语学习中采用的翻译法，指的是同时使用母语和外语作为授课语言。它的基本教学理念是逐字逐句地翻译教材内容，帮助学生理解语法和词汇知识并加深印象。翻译法可以归纳为四种具体的方法，包括语法翻译法、词汇翻译法、翻译比较法和近代翻译法，每种方法都有不同的教学重点。

（一）语法翻译法

语法翻译法（grammar translation method）以语法知识作为英语教学的内容。德国语言学家奥朗多弗（Heinrich Ollendorff）是该派的著名代表人物。他认为在学习一门语言时，首先应当掌握语法规则和例句。接着可以通过练习翻译来加深对语法规则的理解。在他看来，只有掌握英语语法，才能够理解并正确阅读、翻译英语原文。为了遵循英语教学的基础原则，语法是不可或缺的一环，学生掌握了字母的发音和书写技巧后，他们就需要接受一门系统化的语法课程，以便更好地理解和应用相关知识。完成系统语法的学习后，应进行原文阅读的训练。

（二）词汇翻译法

词汇翻译法（word translation method）主张利用内容连贯的课文进行语义分析和翻译的方法教授英语。这种方法和语法翻译法一样，其教学目的在于提高学生的阅读能力。法国英语教师雅科托（J.Jacotot）和英国教育家哈米尔顿（James Hamilton）是这种方法的主要代表人物。前者是词汇翻译法理论的倡导者，而后者则是词汇翻译法在实践中的执行者。为了提高学生的词汇和语法知识水平，他们建议采用阅读和翻译课文的方式，而非单独学习抽象的语法知识。词汇翻译法要求学生仔细分析课文中的语言素材，并进行母语和外语之间的比较，以更全面地理解课文内容。根据逐步深入教学的原则，词汇翻译法运用学生所熟悉的母语作为教授外语的基础，并以翻译作为辅助讲解和加强外语学习的方法。词汇翻译法推崇的不仅是逐字逐句地翻译，更是坚持采用标准化的翻译方法。尽管词汇翻译法提出了一些先进的外语教学思想，相较于语法翻译法，有了巨大进步；但是，由于教材过于冗杂，语法规则也缺乏系统性，加上只随意讲解所遇到的内容，学生难以理解语言素材，只能机械式地记忆。采用这种机械式的学习方式很难真正提高学生的阅读能力，效果极其有限。

（三）翻译比较法

德国著名的语言教学家马盖尔（K.Magal）最初提倡的是一种称为翻译比较法（translationcomparison method）的语言教学方法。基于翻译法，他提出了一些新的外语教学法原则。他主张在英语教学过程中，应该有意识地比较母语和目标语之间的差异，然后基于这种比较进行翻译。马盖尔认为，语言的流利程度和语言学习必须互相结合。他的看法是，教授学生语言知识时，需要谨慎控制其超出学生在语言实践中应用的范围。他提倡通过实际操作来理解语言资料，从实践逐步深入理论层面，实际操作应该比理论知识更为重要。马盖尔注重语言技巧和实际运用，高度重视记忆默诵。他的看法是，通过背诵大量语言材料，学生能够更好地掌握并提高运用语言的熟练程度。马盖尔主张将词汇和语法纳入英语教学课程中，实现课程内容的有机融合。他认为在学习课文的过程中，应注重语法和词汇的掌握，并且这两者的学习是理解和掌握课文的有效途径。马盖尔所提出的一些教学思想和原则具有先进性，但是他没有具体提出实现这些思想和原则的措施，而且他的理论与当时的教学实践脱离，因此他倡导的翻译比较法并没有被广泛应用和推广于外语教学领域。但他的教学原则为外语教学法的发展做出了有益的贡献。①

（四）近代翻译法

近代翻译法（modern translation method）是经过完善和发展的一种翻译方式。翻译法经历了漫长的发展，直到 20 世纪中叶，翻译法教学实践者已经积累了丰富的经验，并且提出了一个完整的理论框架。近代翻译法的教学原则有四项——语音、语法、词汇教学相结合；强调阅读与翻译能力的培养，致力于提高阅读水平，并加强听说训练；使用以语法理论为主的方法来解读和翻译课文；利用母语，将翻译作为教学手段和目标双重运用。

通常，近代翻译法的课堂教学被划分为四个主要步骤：首先解释语言素材，然后分析课文语言并逐字逐句进行翻译。接下来是根据原始意思的本质进行翻译，最后是直接阅读和直接理解。与其他教学法流派一样，外语课文翻译法在形成和发展过程中经历了一系列的阶段。从古典语法和词汇翻译法的萌芽开始，经历了漫长的发展历程，最终演化为现代的翻译方法。要想现代外语教学法得以产生和发展，离不开古典翻译方法的引入。总体而言，翻译教学法是现代外语教学法中的初始阶段。

① 江利华．语言文化与外语教学研究[M]．沈阳：辽宁大学出版社，2020．

二、直接法

直接法（direct method）是在翻译法之后产生的一种英语教学法流派，具有很大的影响力。根据《朗文语言教学及应用语言学辞典》的定义，直接法是一种外语或第二语言教学方法，其特点主要体现在以下四个方面：第一，在于课堂上仅使用目标语言，不使用其他语言；第二，应该通过结合语言、动作物品的模仿、手势和情景来直接表达意思；第三，在教学过程中，应该先让学生练习口语表达，然后再逐渐引导他们进行读写训练；第四，最好采用归纳法，而非直接教授语法来教授语言。在 19 世纪末，人们提出了直接法，作为反对语法翻译法的一种方法。“直接法”这一术语最初出现在 1901 年法国教育部的一份文件中。直接法有许多别称，如改革法、反语法翻译法、现代法、口授法、自然法、归纳法、心理法等。虽然有许多别的名称，但“直接法”更能准确地描述这个流派的独特之处，因此这个术语被广泛使用。

19 世纪下半叶，欧美各国的资本主义蓬勃发展催生了直接法的兴起。随着商务交流和移民现象的日益增长，其已经成为一种普遍存在于国际社会中的现象。这种进步完全颠覆了过去各国闭关自守的封建时代，促使各国间的联系更加紧密，相互间的依存度更高。商品交流的跨国化是由生产力的迅速增长带来的，这推动了商品种类的多样化；另外，为了在全球竞争中占据优势，各国必须以最高效的方式推进科技发展，积极借鉴并吸纳其他国家的科技成果，以实现科技创新的最佳效果。在此情境下，外语已演变为一项应对现实社会需求的技能，而非仅仅是一门旨在塑造学生思维和素养的学科。因此，语言能力已成为人们参与国际经济竞争所必需具备的重要因素之一。

口语，作为一种交际方式，以其频繁、直接、迅速的特点，成为了国际交流中不可或缺的首选工具。时代要求外语教学达到更高的水平，仅靠单纯的语法翻译教学方式已经无法满足国际交流的实际需求。这种尖锐矛盾是直接法产生的社会原因。语法翻译法最初是为了让欧洲的贵族子弟学习古典语言，包括古希腊文和古拉丁文。随后，随着学校开始开设现代外语课程，这种方法也被应用到了现代外语的学习中。由于之前的学校注重培养学生的教育素养，而非实用技能，因此学校普遍开设希腊文和拉丁文课程。在这种情况下，使用语法和翻译法的教学方法足以满足学生对这些语言的需求。现代外语的教学规律独具特色，与死板的文字形成鲜明对比，然而语法翻译法并未完全反映这些规律，甚至在某些方面与之相抵触。该方法存在两个缺陷：第一，它强调了对复杂语言规则的机械记忆，导致学习外语变得异常棘手，学生负担过重；其二，使用该方法，口语表达能力未能得到有效提升。

由于语法翻译法未将口语练习视为主要的教学手段，且口语掌握并非其主要的教学目标，因此无法满足现代社会的需求，必须进行全面的改革。在社会中，需要许多具有出色口语交流能力的外语人才。直接法作为“新式法”的产生，一是源于对社会需求的深刻反思和对未来发展方向的深刻思考，二是为了彻底解决语法翻译法所存在的缺陷。在 19 世纪末期，新方法的出现是有现实可能性和客观必要性的。直接法的提出源于对语言学、心理学和教育学的深入研究，这些研究为其提供了坚实的理论基础。换言之，这些学科的成果为新方法的出现提供了学理支持。在语言学理论领域，年轻的语法学家保罗（H.Paul）是一位备受瞩目的代表人物。当时在语言学理论方面较为有影响的代表人物是新语法流派的青年语法家保罗，他的著作《语言历史诸原则》对直接法产生了重大影响。他在书中研究的“类比”（analogy）概念，强调了母语习得与外语学习之间的类似之处和相似之处。这进一步巩固了直接法的核心原则——模仿、替换、重复等，为语言学理论提供了坚实的支撑。

在 1874 年，备受瞩目的德国心理学家威廉 · 冯特（Wilhelm Maximilian）发表了一本名为《民族心理学》的著作，其中深入探讨了有关语言心理学中思维和感觉方面的理论，这些理论的影响，直接或间接地导致了直接法的外语教学法主张，即“以口语为基础”“以模仿为主”。在教育学的领域里，著名的教育家夸美纽斯（Johann Amos Comenius）、卢梭（J.Rousseau）、裴斯泰洛齐（Johan Heinrich Pestalozzi）、第斯多惠（Friedrich Adolf Wilhelm Diesterweg）等都主张“让教育与自然相适应”的教育理念。基于教育学家们的思想和原则，直接法的基本原理得以确立。在 19 世纪 80 年代，欧美各国外语教育领域掀起了一场强劲的外语教学改革运动，此风潮在主要资本主义国家，德国、法国等国家延续了长达五十年。在此期间，外语教学领域的学术思想呈现出蓬勃发展的态势，涌现出众多致力于研究直接法的学术组织和出版物，犹如春日里涌现的新生力量。直接法学派曾举办过六次国际性的学术研讨会，引起了众多国家教育机构的高度重视。

直接法的主要教学原则如下。

（一）直接联系原则

在教学过程中，每个外语词汇都应该紧密关联着它所代表的实物或所传递的意义，以便更好地进行教授。为了避免母语的干扰，必须确保所教授的词汇与事物或意义之间不能有任何母语的介入。甚至利用翻译作为教学工具也是被禁止的，因为这种做法会养成学生依赖翻译的不良习惯，导致实际交流时速度变慢。直接接触原则的运用可以有效地减少母语在学习外语过程中的干扰，帮助培养学生运用目标语言思维的能力。

（二）句本位原则

当时的语言学家对幼儿母语学习的研究发现，孩子们在学习语言时是从整句出发，而不是先学习单个音、字母、单词、语法，再将它们组合成句子。因而，在教授外语时，应以句子为基本单元，全方面地掌握句子的用法和结构。当学生熟练掌握一定数量的句子后，他们可以通过运用类比和替换的技巧，构思出新的句子，从而满足与他人交流的需求。

（三）以模仿为主原则

幼儿的语言学习是通过模仿身边人的语言表达方式，逐渐掌握自己的母语的过程。语法规则是通过总结归纳而来，而非教授直接灌输的。因此，在外语教学中，应当注重培养学生的模仿能力和实践技能，而语言知识的地位相对较低。

（四）语法归纳教学原则

幼儿学龄前应先掌握口语表达能力，而学龄期则是重点学习识字和语法规则。根据此结论，建议在教学过程中采用以下策略：首先，让学生接触尽可能多的语言素材；其次，逐步引导学生掌握更多的语法知识。在幼儿学习语言的过程中，他们自然而然地掌握了母语的语法体系，而非单纯地遵循书本上的语法规则。这种构造是语言的基石，它为语言提供了基本的结构或支撑。因此，直接法专家的观点是，学习外语应该集中精力实际掌握语法结构，而非僵死地记忆语法规则。在高质量的初级直接法教材中，作者精心安排了各个语法项目的内容，而有些教材则只侧重于让学生掌握一两个关键的语法结构。

（五）以口语为基础原则

孩子学习语言的起点通常是口语表达，在入学后才开始学习识字和书写，掌握口语能力是打好书面语基础的关键。根据该结论，在初学外语时，更应该注重口语能力的培养，而不是把学习重心放在书写和语法知识上。在初学阶段的教育中，直接法专家都认为，口语应该是最为重要的教学内容。

（六）以当代通用语言为教材基本内容的原则

幼儿们学习的语言，都是当时流行的口语，生动活泼，而非沉闷的书面语，也不是已经过时的僵硬语言。因此，直接法的支持者认为，外语教学的基础教材应该是当今通用的“活语言”，而不是以古典文学作品为基础教材，并且应该避免采用语法翻译法。在幼儿教育中，儿童所接触到的语言资源是有限的，比如音素和语调的数量有限，常用的词语、成语以及语法结构也比较有限。但只要掌握这些有限的内容，他就可以与人交流了。根据此论点，直接法派主张外语教材应该经过精心挑选，只选用最常用的单词、句式和篇章结构。学生的任务就是要熟练掌握这些被筛选过的语言材料。

直接法在英语教学法史上扮演了至关重要的角色。随着直接法的采用，英语教学法进入了一个学术思想百花齐放且前所未有的充满活力的新时代。古典语法翻译现已面临直接法的挑战。直接法揭示古典语法翻译法的缺点后，古典语法翻译法不断采取改进措施，推动了语法翻译法的发展和现代化。作为改革法的先驱，直接法开创了许多改革法流派的先例，比如听说法、视听法、功能法和自觉实践法等。除了直接法，还有其他教学方法，因为直接法有一些缺点被广泛知晓。这些缺点包括：①过于依赖于教师的经验，忽视学生的自我意识，特别是在外语教学中；②持反对态度，认为在外语教学中母语的作用不应被忽视；③高估了幼儿母语习得和成人外语学习的相似性，并未充分考虑它们之间的差异；④过于强调学生的语言技能，而忽视学生认知的发展；⑤注重学生口语能力的培养，但对学生的语文素养的关注不够充分；⑥外语教学忽略了文化因素，学生欠缺跨文化交际的能力。

三、听说法

据说听说法（Audio-lingual Method）是在20世纪50年代在美国兴起的，随后在欧美的外语或第二语言教学领域广泛流行的一种教学方法。这种教学方法的实质是：第一，先注重口语和听力的教学，再着手阅读和写作的教学；第二，使用对话和实践；第三，主张在教室内不使用第一语言；第四，经常运用对比的方式进行分析。听说法和口语法（oral approach），前者描述的是教授本国人外语学习的方法，后者描述的是教授外国人本国语学习的方法。听说法被称为口语交际能力训练、口语流利度训练、口头表达技能培养训练、口语沟通能力提升训练等。教学法专家们和语言教师还给听说法起了一些别名。例如，因为听说法借鉴了结构主义语言学的理论基础，所以人们称之为结构法（structured approach）。听说法可能有很多名称，但它们的核心思想是相同的。在外语教学的原理和原则方面，教学法专家和语言教师持有类似的观点。这种教学方法的设计旨在增强口语培训的效果，与如何称呼它无关。在教授外语时使用听说法，需要遵循教学法专家所制定的原则，从大纲和教材编写到教学方法和技巧的应用都应该参考这种教学法理论，以指导外语教学的全过程。

据传，听说法是在二战期间由美国人发明的。因为美国在战前坚持“语言孤立主义”政策，所以它的外语教育水平相对较不发达。学校没有得到明确的外语教学要求，故教育当局未优先考虑外语教学。尽管一些学校有外语课程，但语言种类有限且授课时间短。外语教学的目标在于培养学生的阅读技能，因此在课堂教学中更加注重阅读掌握，相对而言口语能力的培养稍显次要。而且教学方式过时，所有外语课程都采用语法和翻译作为主要教学方式，教师需要花费大量时间解释语法并让学生进行母语翻译练习。美国一直坚持采取自我封闭的语言政策，导致缺乏外语人才的问题不断加剧。20世纪40年代初，美国政府已经明确认识到，由于国际地位与影响力不符，美国在外语教育方面存在着滞后和外语人才匮乏的问题，因此迫切需要改革外语教育。因此，教育管理部门邀请了一些结构主义语言学家进行研究，制订了“集中语言教学方案”。在该计划的制订和实施过程中，备受赞誉的结构主义语言学家莱昂纳德 · 布龙菲尔德（Leonard Bloomfield 和乔治 · 特雷格 (George Trager) 都发挥了作用。

珍珠港之战后，美国向日、德两国宣战，使世界格局出现了巨大变化。这时，美国要向日本、德国、意大利派遣大量士兵，以完成占领的使命，而语言方面的人才却极度匮乏。因此，为了让更多士兵受到多种外语训练，美军制订了“军队专门训练方案”，安排了一万五千名士兵前往五十五所高等学府，按照该训练方案接受二十七种外语的专门训练。当时的外语教学有两大特点：其一，集中时间教学，采用小班授课方式，注重口语训练，由当地母语教师授课，集中教学可以提高学习效率、缩短学习时间。其二，课堂采用听说教学法。高等学府和语言培训机构遵循专家们制定的听说教学原则和方法进行外语教学，经过实践不断积累了丰富的教学经验和数据，使得听说教学变得越来越成熟。由于听说法在二战期间向美国军队提供了出色的服务，展示了翻译法和直接法所不具备的多种优点，所以很多语言培训机构和学校开始将其应用于日常外语教学，并且取得了显著的成就。有很多学术组织和语言授课研究机构，基于这些实际经验，举办了会议，在理论和实践上探讨听说法问题。经过多次研讨会的探讨，人们已经形成一致共识，即逐渐弃用老套的语法翻译法，而广泛采用听说法。听说法成为理论和实践上都有巨大发展的重要学科，很快传播到欧洲和全球其他地区。

（一）听说法的理论基础

在英语教学中，听说法是一种建立在系统化理论基础上的教学法，它的出现是在翻译法和直接法之后的一种创新。该理论的语言学基础源于美国结构主义语言学，同时它的心理学基础则基于行为主义心理学。在其最初的研究中，美国结构主义语言学家聚焦于无文字记录的印第安人的口头传统。他们采用的研究方法与传统语言学完全不同。他们以真实的方式记录了印第安人的口头陈述，并以客观的方式进行了描述和分析，因此被称为结构主义语言学的描写语言学。在这种情况下，他们认为语言教学要从“听”开始，而且强调口语教学。在他们的观点中，口语被视为语言最为重要的表达方式之一，因此在语言学习中，口语应被视为主要的学习内容。学习口语应当是针对目标国家的本土居民所说的话语，而非教材中规定的标准语句。在教学实践中，口语教材必须根据当地实际情况来选择合适的材料作为内容。口语教材所使用的语料应当为当地居民所使用的语言，而担任外语教师的人也必须是当地居民。

《语言论》是布龙菲尔德的代表性著作，倡导结构主义语言学，为听说法提供了理论支撑。在之后的美国外语教学中，一些理论得到了进一步的发展，这些理论最初是在《语言论》一书中被阐述的。查尔斯·弗里斯(Charles C.Fries)对外语教学的理论与实践进行了直接而又实际的探究，深入挖掘了其中的奥秘。他从结构主义语言学角度提出了自己的观点并加以论证和发展。大多数从事结构主义语言学研究的学者都在探究与结构主义语言理论相关的外语教学问题，而弗里斯则不然。他专注于研究如何将结构主义语言学应用于外语教学实践中，以达到更高层次的教学效果。约翰·华生(John Broadus Watson)是创建了行为主义心理学的先驱。他通过对人和动物的行为进行研究发现了一个共同规律：刺激和反应，并提出了著名的行为主义心理学的公式：刺激－反应，即S—R（stimuli–responsive)。伯尔赫斯·弗雷德里克·斯金纳(Burrhus Frederic Skinner）在华生的行为主义基础上发展了"新行为主义"。他在对动物和人类的学习行为进行了研究之后，把学习过程归结为：刺激—反应—强化。根据他的研究，通过积极强化学生的某些行为，可以在教学过程中培养学生形成一定的习惯。听说法的心理学理论基础是新行为主义。结构主义语言学家认为，语言是一个高度结构化的体系。当人们掌握母语到一定的程度时，这种结构变得高度自动化，以至于当他们与他人交流时，他们甚至没有意识到自己话语中的语言结构（例如语音、词汇和语法)。实际上，这些语言结构似乎就像是自然而然地迎合了人们的口吻。听说法的支持者们称，学习外语还应该让学生能够无意识地运用所学外语的语言结构，将所掌握的外语语音、词汇和语法转化为自然的语言习惯。新习惯的养成需要经过长时间的模拟、反复练习和大量实践，就像学习母语的过程一样。①

（二）听说法的教学理论

在20世纪60年代，听说法的教学理论已经基本上得到系统的确定。美国的结构主义语言学家们对听与说的表达方式进行了综合总结，他们从不同的角度进行探讨、可以将其基本教学原则归纳为以下几点。

1. 听说训练优先

语言这个系统的构成包含声音和文字两个方面。听说与声音有关，阅读和写作与文字有关。文字是用符号来表达声音的记录方式。这表明口语比文字更为原始，文字则是从口语演化而来的衍生物。听说能力训练有素后，有助于发展阅读

① 江利华．语言文化与外语教学研究[M]. 沈阳：辽宁大学出版社，2020.

和写作能力。因此，在外语教学中，应该先强调听说能力的培养，再逐步发展阅读和写作技能。听说练习应该占据课堂教学的主要时间。

2. 反复实践直到形成习惯

根据结构主义语言学家和行为主义心理学家的看法，人们学习语言是通过强化个体的行为和养成个体的语言惯例来完成的。要想学好外语，就必须通过反复实践和模仿来培养出新的语言习惯，这跟熟练掌握母语是同样的道理。只有不断练习和坚持不懈地努力，才能达到学习目标。

3. 排斥或限制母语

结构主义语言学家主张在外语教学中避免使用母语表述，尤其是通过翻译来解释词义。对他们而言，翻译是一种特殊的心理活动，需要同时使用两种语言，因此在翻译过程中，学生的思维总是同时运用母语和外语，这可能导致母语对外语产生干扰。因此，他们提倡采用上下文直接将外语词汇转化为释义，反对或限制使用母语，以提高语言表达的准确性和可读性。

4. 对比语言结构，确定教学难点

结构主义语言学独具特色的地方在于它对语言进行了精细的系统描述和分析，这使其与其他语言学流派区分开来。在外语教学中，结构主义语言学家主张开展两个方面的语言结构比较和分析。作为一名外语教师需要同时进行两项比较分析工作：一项是将母语结构与目标语言结构进行对比，而另一项则需要分析比较目标语言内部的结构。外语学习者常常会因为把母语的语法结构应用到目标语言中，而产生语言方面的不良影响。因此，为了确定教学重点，需要比较语言结构。

5. 及时纠正语言错误培养正确的语言习惯

根据结构主义语言学家的观点，学习外语实质上是通过刺激－反应模式来建立新的语言习惯。这意味着学习者需要逐渐形成一种全新的语言思维方式。只有通过适当的激励措施，教师才能确保学生做出正确的反应。因此，在引导学生模仿和练习时，应及时纠正他们的任何错误，以确保他们养成正确的外语习惯。换句话说，正确的外语习惯可以通过及时纠正模仿和练习中的错误得以培养。

6. 广泛利用现代化教育技术手段

在现代外语教学中，教师采用许多新技术来帮助学生学习，例如使用电影、录音和幻灯片等现代工具。同时，教师还通过刺激、反应和强化等教学方法，为学生提供全面的课程服务。

（三）听说法的教学过程

听说法严谨的外语教学理念和原则常常在实际的教学活动中得到体现。听说法专家们有不同的观点和论述，就教学过程而言，他们各有差异。根据瓦德尔教授的解析和整理，教学过程可以被划分为五个阶段。[①]他的学说已被学界和教师所接受。听说法教学过程的5个步骤如下。

1. 认知

认知（recognition）是指教师通过实物、模型、图片等辅助工具向学生传达言语信息，使学生将接收到的语言信息与实物产生视觉化联想，从而建立起语言和其所表示意义之间的联系。

2. 模仿

在外语教学的早期阶段，教师主要扮演着反复示范的角色，而学生则需要完成准确模仿的任务，这就是所谓的模仿（imitation）。考虑到学生在学习初期鉴别能力较弱，教师需要时刻保持高度警觉，及时发现学生的错误并予以纠正，以助推学生的学习进程。

3. 重复

为了帮助学生正确记忆所学的语言材料，教师需要让学生反复练习、模仿，并且持续重复直到熟练掌握为止，这个过程就被称为重复（repetition）。

4. 变换

变换（variation）指的是学生已经通过模仿记忆练习掌握了所学的语言材料，但在运用上还未达到足够的灵活性。要提高学生的实际运用能力，首要的是进行句子结构变换的训练。

5. 选择

选择（selection）指的是让学生从之前掌握的语言素材中筛选出单词、短语和句型，用来描述特定的场景、情境或讲述一个故事，而不是从零开始学习。这个练习能够增强学生在语言综合运用方面的能力。

① 郭娟．外语教学与语言文化[M]．长春：吉林文史出版社，2016．

以上所提到的，只是关于传统教学方法的五个基本步骤，因此教师必须结合学生和教材的实际情况，并根据需要进行合理的调整，以达到最佳的教学效果。需要注意的是，这些步骤不应被视为教学的唯一标准。听说法曾为培养许多外语口语流利的人才做出贡献，以满足当时社会的需求。听说法在全球外语教育领域的出色表现，引领了教学实践的重大改革。20 世纪 60 年代是听说法最繁荣的时期，它在全球范围内受到高度赞誉并成为外语教学领域一种占主导地位的教学法。

听说法虽然有其优点，但它也存在四大缺陷。

第一，过于重视机械性的练习和死记硬背，而忽略了发展语言和交际能力。

第二，过于注重语言的表达形式和结构，而忽视了语言所传递的信息和含义。

第三，过于强调口头表达能力，而未能充分重视书面表达能力。

第四，如果忽略文化背景对学生的影响，那么学生可能无法获得在跨文化交流中必备的社会和文化技能。

到了 20 世纪 60 年代的后期，乔姆斯基的转换生成语言学和让 · 皮亚杰（Jean Piaget），卡鲁尔（J.B.Karur）的认知心理学已成为语言学和心理学界颇有影响的学派。外语教学在社会语言学兴起的推动下，经历了一场深刻的转型。这些理论对结构主义语言学和行为主义心理学的合理性提出了挑战。随着时间的推移，听说法开始受到不少批评和质疑。不久之后，应用语言学家们发掘出了一系列全新的外语教学法，包括但不限于认知法和交际法。

四、认知法

认知法（Cognitive Approach）是一种外语教学的方法体系，它将认知心理学的理论应用于教学实践中。在外语教学领域，认知教学法的重点在于教师应该通过激发学生的智力，注重学生对语言规则的理解以及培养学生的语言综合运用能力，以此实现语言教学的方法创新，外语教学界称其为“经过改革的现代版语法翻译法”。“认知”这个术语来自学习心理学。要想了解认知法的确切含义，有必要对认知心理学做些必要的解释。最初，认知学习理论被划分为两派。一方可以称为联结派，另一方则被称为领悟派或格式塔派。到了 20 世纪 60 年代，前者发展成行为主义，后者发展成认知学习理论。认知学习理论是作为刺激 - 反应学习理论的对立面而出现的。初期，认知一词起源于法律上的“认定亲子关系”的用法，而后又被引入哲学领域，表示“认识”的含义。在心理学中，认知概念指代的含义与常规用法完全不同。心理学中，“认知”意味着“知道”的状态，而“知道”则有感觉、知觉记忆、想象、构成概念、判断、推理等意义。认知心理学研究与“知道”有关的系列问题，在这个问题中，主要涉及三个学习问题：其一是关于知识本质的问题；其二是关于知识是如何获取的；其三是如何运用已有的知识进行创造性的行动。认知学习理论是从对这些问题的研究结果和结论中提炼而来的一种理论。智力活动在获取知识的过程中扮演着至关重要的角色，这一点得到了认知心理学家的高度关注。认知法是将认知心理学理论运用于外语教学的一种教学方式，专家们在教学中将理论应用于实践，以此提高学生的语言水平。

（一）认知法产生的背景

20 世纪 60 年代，西方经济和科学技术发展迅速，国际文化交流日益频繁，各国都对外语人才的数量和质量提出了更高的要求。欧美流行的口语训练方法盛行过一段时间，出现了各种问题，听说法只强调口语能力的培养，导致培养出来的外语人才存在很多不足之处。据说，许多人对理论和实践中的听说法存在质疑和挑战。教学实践证明，听说法存在一些不足之处。在 20 世纪 60 年代中期，学者们达成共识：在新的国际形势下，传统的听说法已经无法满足教学需求。他们提倡使用创新的教学方法替代传统的听说法，这种呼吁很快在全球外语教学领域得到了广泛传播。因此，外语教学界亟须探究新的教学策略。大量的教育学家、心理学家和语言学家正在积极地研究和探索外语教学方法。美国著名的心理学家卡鲁尔，是对此产生了最重要的影响的学者。他首次在 1964 年的著作《语法翻译法的现代形式》中阐述了外语教学的认知法。以此为契机，认知法成为一种备受教育界重视并广泛推广的语言教学方法。卡鲁尔坚持用“认知—符号”学习理论代替行为主义的刺激－反应学习理论，以解决听说法教学体系存在的问题。

（二）认知法的理论基础

20 世纪 60 年代，欧美各学科，如教育学、心理学、语言学等都获得了重大进步，涌现出了多种不同的学说和派别。推动应用学科发展的必要前提是发展基础理论学科。认知法借鉴了有益的理论来发展成为一种新兴的应用学科和外语教学方法。认知法的出现是有充分理论支持的，而非偶然产生。20 世纪 60 年代初，在美国政府的支持下，著名教育学家和心理学家杰罗姆·布鲁纳(Jerome Seymour Bruner)发起并领导了美国的教育改革运动。他的基本结构理论和发现法理论，被广泛应用于外语教学，对该领域产生了深远的影响，这些理论出现在他的《课程论》和《教学论》等著作中。从他的角度看，掌握基础结构对教学颇为有益。这可以让学生更轻松地理解全方位的学科知识，同时有助于长期记忆所学的知识，并且为跨领域的学习提供了便利。布鲁纳提出的发现学习（discovery learning）理论，强调学习者在学习过程中应起到主导作用，充分发挥自身的探究和发现能力，是一种以为“学习者为中心”（learner-centered）的教学方法。在课堂上，教师的地位已经发生了很大转变，从过去的主导者变成了现在的支持者。①

瑞士认知心理学家皮亚杰提出的发生认识论动摇了行为主义的刺激－反应学习理论。皮亚杰的学说主要涉及知识的形成和发展原理。皮亚杰认为学习知识的活动是一种智慧活动，而智慧活动都具有认知结构。他修正了行为主义心理学的刺激－反应公式，提出了著名的S—AT—R公式，即刺激（S）被个体同化（A）于认知结构（T）中，然后作出反应（R）。发生认识论肯定了人的智慧，并断定人的行为是受认知结构支配的。②

另一位著名的心理学家戴维·保罗·奥苏贝尔（David Pawl Ausubel）提出了“有意义的学习”(meaningful learning）理论。奥斯贝尔认为有两种学习方式：一种是机械地学习；另一种是有意义的学习。机械地学习意味着缺乏背景知识和深入理解。③该学习方法的特征在于，学生仅仅进行死记硬背，无法真正理解所学内容，而有意义的学习则是建立在对知识的深刻认识与理解的基础上的，这就是认知学习。这种学习方式的特点是学生深入理解特定学科的基础概念和规则，并能够理解它们之间的内在联系。记忆的质量不在于记忆的初始阶段，而是在于记忆的保持时间。机械式的死记硬背往往是短暂记忆，而有意义的学习则可以长久保持记忆。一般而言，人们可以迅速记住一个电话号码，但是由于这只是

① 夏颖．跨文化视角下的大学英语教育探索[M].哈尔滨：哈尔滨工程大学出版社，2014.

② 郭坤．全球化背景下大学英语跨文化教学研究[M].成都：电子科技大学出版社，2016.

③ 章兼中．国外外语教学法主要流派[M]//章兼中外语教育文库．福州：福建教育出版社，2016.

一种机械记忆方式，容易受到干扰因素的影响，因此往往打完电话后就很快忘记了。而把电话号码与城市、地区、街道编号相联系，不仅能够迅速记忆，而且能够长期记忆，从而达到更好的效果。这个例子表明，在外语教学中，教师可以帮助学生参与更加实质性的练习和交流活动。奥斯贝尔的“有意义的学习”理论可以引导人们在学习外语时更加有效地进行学习。

20 世纪 60 年代中期，随着语言学研究的进步，外语教学被分为两个完全不同的派别。前期的听说法认为语言是一种习惯体系，语言学习是刺激 – 反应的过程；后期的认知法认为语言是一种受规则支配的体系，语言学习是以规则为基础的创造过程。听说法属于经验主义，认知法属于唯理主义。美国著名语言学家乔姆斯基的转换生成语法在美国和世界各地引起了震动，被称为“乔姆斯基革命”。他提出的“语言习得机制”（language acquisition mechanism）、“语言能力”（linguistic competence）、“语言行为”（linguistic performance）、“语言普遍现象”（linguistic universal）等理论被认为是语言学界的一次重要突破。这些理论不仅为当时的外语教学改革提供了理论支持，也为外语教学的认知方法提供了科学的语言理论基础，而且在不改变原意的前提下，这种表述显得更加简洁明了。依据乔姆斯基的观点，所有语言都受到规则的限制，并按照这些规则进行组织和表达。尽管语言规则数量有限，它们依然能够强大地产生复杂的语言形式，这些规则可以用于导出、变换、构造句子。人类在学习语言时并非机械地模仿和记忆，而是一种创造性的活用过程，因此，外语教学的成功在于帮助学生掌握语言规则，从而能够无限制地产生和理解各种语句。

掌握语言规则的途径包括发现规则以及创造性地运用规则。尽管规则是基础，但更关键的是让学生掌握创新地运用规则的能力。从直接法到听说法都倡导像幼儿学习母语一样潜移默化地习得外语。但与此相反，认知法主张有意识地进行学习。作为思想交流的工具，语言不仅有形式方面的特性，还具有语义方面的特点。因此，在学习语义方面的知识的同时，还要注重进行语义操练。这样才能更好地掌握语言的使用技巧和运用能力。

（三）认知法的基本原则

认知法基于教育学、心理学及语言学领域的最新研究成果，研究的是成年人在自己国家的环境下，经历了语言青春期（linguistic puberty）后学习外语的过程和规律；外语教学的目标是让学生掌握综合运用外语的能力，使其拥有跟目标语言国家的人民一样的语言能力。根据对外语教学历史经验的总结，认知法提出了以下几项教学原则，旨在达到外语培养的目的。

1. 教学要以学生为中心

过去的教学方法仅仅注重传授知识，缺乏对学习过程的关注，因此只能被视为一种单方面的教学方式。使用翻译法、直接法或听说法时，常见的问题是缺乏对学生的研究和关注。教学理念因认知法则而彻底转变，重心转向研究学生，以此来改进教学。根据认知法的观点，研究“学”这一问题应先于研究“教”的问题。外语教学中，教师需要注重学生的情感状态，以尽可能地激发学生的学习热情和积极性。根据认知法理论，教学应该以学生为核心，通过课堂教学活动培养学生实际运用外语的能力，将重点放在学生的实践操作上。据认知学派的观点，除了课堂教学，外语学习还需要通过自主学习的方式来拓展学习范围，这需要在教师的指导下来实现。因此，教师还需要培养学生自主学习的能力。

2. 在掌握语言知识和规则的基础上进行有意义的学习和操练

从认知学派的角度来看，学习外语可以被视为一种在语言实践中运用创造性思维的活动。在口语表达上更出色的学生，需要先熟练掌握相关规则。人类独有的学习方式使其能够通过理解语法规则、进行逻辑推理和创造性思考，从而学会外语，而非仅仅通过刺激 - 反应的方式。这表明人类智慧的高度发达。学习外语的最重要的目标之一是确保学生熟悉所学语言的语法规则。教师所提供的语言材料应该设计得可以让学生自己轻松地发现语言规则，而无需过多指导。为了帮助学生掌握语法规则，教师应该营造合适的交际环境和真实的生活场景。

3. 听、说、读、写齐头并进，全面发展

在处理语言技能方面，认知法和听说法之间存在显著的差异。认知法主张对听、说、读、写四个方面进行全面训练，而不是偏重于听、说领域。

4. 利用母语

所有的语言都有一些相似的特征，这些特征被乔姆斯基称为语言的普遍现象 (linguistic universals)，这些特征不受母语或外语的影响。一般而言，成年人在学习外语时常常会运用自己的母语作为学习的媒介。他们之所以需要母语，不仅是因为它让他们拥有语言能力，更重要的是它能帮助他们更好地学习各种知识和形成各种概念。如果适当地运用这些经验、知识和概念，它们可以被迁移至外语学习中，从而帮助人们更轻松地学习外语。这种现象可以被称作母语的正迁移现象（positive transfer），即母语对于学习第二语言的帮助和促进作用。因此，在外语教学中适当地运用母语是有益处的，而过度地禁用母语则会带来极大的负面影响。

5. 对错误进行分析和疏导

根据认知法的理论，语言的学习过程可概括为以下三个步骤：先有假设，再进行验证，最后进行纠正。换句话说，人们在学习语言时，会先提出假设，通过实践不断验证假设的正确性，然后再根据实践结果纠正自己的语言表达方式。在这一过程中，学生难免会犯一些语言错误。如果教师总是在错误出现时立即批评指出，可能会抑制学生的积极性，让他们感到紧张，从而影响他们学习外语的兴趣和效果。因此，教师应该根据学生的语言错误情况进行区别对待，对于严重影响交际的错误应该及时纠正，但是对于由疏忽或不熟练造成的错误，则应该采用引导和指导的方式。仅有这样的教学方法，才能让教师创造出让学习外语变得轻松的氛围，同时激发学生学习外语的热情。

6. 广泛运用直观教具和电子化教学手段，使外语教学情景化、交际化

利用具有直观性的教学工具和电子化教学方式可以创造外语环境，从而提升英语教学的效果。

（四）对认知法的评价

由于认知法与听说法形成了鲜明的对立关系，因此它在推出后立即引起了外语教学法专家和许多教师的关注。在美国，认知法的试验工作在20世纪60年代中叶广泛开展。多所高校及中学开展了认知法和听说法的比较试验，结果表明认知法在各方面都表现得更为出色。然而，认知法的普及并非顺风顺水，虽然有一些支持者，但也存在相当数量的反对者。对抗者认为认知法缺乏创新元素，只是传统翻译法的翻版，毫无新意可言。虽然认知法和翻译法有相似之处，但认知法更加强调借鉴现代教育学、心理学和语言学的最新研究成果，以消除翻译法的过于极端和片面的特点。因此，它可以更科学地指导外语教学，被称为“改革过的现代语法翻译法”。心理学家支持认知法，认为这种方法以认知学习理论为基础，有利于外语教学法的良性发展。据一些教学法专家介绍，认知法和听说法都有各

自的长处和不足，因此它们之间并不是竞争关系，而是应该相互补充、取长补短。这两种方法可以相互补充，不必互相排斥。一种有效的策略是通过学习他人的长处，弥补自身的不足之处，从而突显自己的优势。尽管认知法已经兴起，听说法也并未离开学习舞台，因为这两种方法各有所长。听说法学习中有两种常见的方法，一种是注重练习句型和养成语言习惯的方法；另一种是更强调语言理解，提倡有意义的学习和实践的方法。实施认知法时，常常会面临语法翻译法的惯性难题。除此之外，若缺少文化教学，将会妨碍学生交流技巧的发展，特别是对跨文化交流能力的提升。认知法源自美国，主要用于在美国教授外语，这表明认知法可能更适用于中国人学习英语。

五、交际法

（一）交际法的概念

交际法（Communicative Language Teaching）是一种教学方法体系，其核心是语言的功能和意义，其宗旨在于提高学习者的交际能力，使其能够熟练地运用所学语言进行有效的交流。常见的语言教学方法之一是交际法，也被称为功能法（functional approach）或功能意念法（functional-notional approach），这三个术语所指的是同一种方法。有关外语教学的目标，以交际能力为中心的观点提出了相应的语言观、学习原则和语言教学方法。1967 年，社会语言学家戴尔·海姆斯(Dell Hymes)首次提出了这个重要的中心概念。交际教学法的出现可归功于威尔金斯（D.A.Wilkins）所写的《意念大纲》和威多森（H.G.Widdowson）所著的《交际法语言教学》。

交际法被称为功能意念法是因为它的研究范围包括语言的功能和意念表达。它不仅研究语言的语法结构、拼写和发音等技术问题，还研究语言在不同情境下的使用，以及社会文化因素对语言的影响。因此，交际法强调的是语言的功能性和意念表达，而不仅仅是语言知识的形式。语言的功能指的是在社会交往中运用语言进行沟通和表达想法的行为。通过语言，人们可以叙说事实，表达思想。换句话说，这意味着关注思想的表达方式，即如何将这个思想内容传达出去。交际法也称为意念法，因为它以意念项目为基础组织教学。意念指的是根据特定的交流需求和目的，以及所需表达的思想内容，在功能方面起到一定作用的对象。它可通过询问“何人”或“何物”的方式来确定。大多数教学法专家认为，使用交际法的名称比使用功能意念法的名称更能体现掌握交际能力的精髓。

（二）交际法产生的背景

20 世纪 70 年代初，西欧共同体国家兴起了一种名为交际法的理论体系，英国是其主要的中心。20 世纪 70 年代以来，世界各国的政治、经济、科学和文化水平不断攀升，彼此之间的互动也日益频繁。为了加强政治、军事、经济、科学和文化等领域的协作，西欧各国联合成立了一个名为西欧共同体的联盟，以促进沟通。随着西欧共同体成员国的不断扩大和语言多样性的增加，语言交流所面临的挑战也变得越来越严峻。由于语言障碍，各国委员之间的交流受到了限制。语言障碍阻碍了布鲁塞尔机构的正常运营和西欧国家之间的交流。在 1978 年，共同体雇用了超过四百名专职翻译，他们翻译了九种语言。这个数字代表的是译员人数的总和，比联合国、北大西洋公约组织、经济合作与发展组织译员等组织的总和还要多出一倍。每次会议需要使用九种语言，而每两种语言之间需要进行八次翻译，因此共需要进行七十二次翻译。如果每位翻译员只精通一种语言，那么总共需要招募七十二位翻译员。若有能够涵盖多种语言的翻译员，其数量可减少一半，则仅需三十名翻译员即可。随着形势的演变，西欧国家对掌握流利外语能力的人才的需求日益紧迫。

20 世纪 60 年代，欧美国家的主流语言教学方法过于强调对语言规则的解释和掌握，而忽略了对学生交际能力的培养。当时的外语教育并未达到国际交流的要求，这是因为缺乏一致的课程大纲和标准教材，导致教学质量不够理想，难以培养学生适当的交际能力。西欧共同体认识到，要根治这个问题，需对共同体成员国的语言教育进行全面改革，包括改进教学方法、制定一套统一的外语教学大纲、设计统一的教材和统一的测验标准。因此，1971 年 5 月，欧洲共同体文化合作委员会在瑞士召开了一次会议，主要探讨的话题是成年人第二语言的教学。会议讨论了采用单元学分体系为现代语言教学的一种方法，并且就规划欧洲现代语言第二语言教学纲要达成了一致意见。在经过三年的深入研究后，专家们完成了入门阶段的教学大纲，该大纲特别采纳了英国语言学家威尔金斯提出的以交际为中心的功能意念大纲的核心要素。

根据学员的口语交际需求，专家们将整体的教学任务划分为各个不同的教学单元。入门阶段是语言运用能力的最基础水平要求，在单元学分体系中的大多数学生中通常是必须达到的前置条件，无论他们最终的目标是什么。它符合大多数西欧联盟国家学生的学习要求。尽管有功能意念大纲，学生的交际能力也未必能够得到提高。它并非教学方法，而只是一份课程纲要。但它注重语言的目标功能，并创建了语言环境来达成这些目标。这种做法宣告了传统的教学方法时代的终结，开创了交际教学法的新时代。海姆斯、威廉·拉波夫（Labov）等人的社会语言学以及弗斯（John Rupert Firth）、韩礼德（Michael Alexander Kirkwood Halliday）等人的功能语言学为交际法提供了理论支撑。从 20 世纪 70 年代开始，欧洲共同体国家积极探索和研究交际法的理论和实践，这对其产生了深远影响。到现在为止，交际法仍是全球外语教学中最为普遍采用的一种方法。在全球范围内，培养学生的交际技能已经逐渐成为外语教学的最主要目的。尽管从 20 世纪 70 年代起，美国外语教学界和应用语言学界开始重视培养交际能力，但对于交际法这一概念，他们却一直没有做出过多的讨论和研究。20 世纪 70 年代末 80 年代初，美国也开始编写和试验交际教学法教材，例如，English ALFA。

中国引入交际法是在 20 世纪 70 年代末期。随着改革开放和对外开放政策的实行，大量的语言学和外语教学理论源源不断地传入中国。在英语教学理论中，交际法是最为重要的一种。

20 世纪 80 年代初期，在中国英语教育界广泛介绍和评估了交际法的概念、语言学的基础理论、教学原则、教学过程、交际法大纲、交际法教材、交际法与其他英语教学理论的关系和区别。此外，还涉及国际交际法研究的状况和实际应用。在我国的教育领域，越来越多的人开始认可并实践交际法，就像其他教学方法一样，交际法也受到特定语言理论和语言习得观的影响。在广义的功能主义语言学的研究中，交际法获得了很好的进展。这个理论强调语言的运用，认为语言是交流的工具，而不仅仅是结构的组合。

据此理论，学习语言是一种跨越不同文化的体验，因此在外语教学中提高学习者的交流技能是一个关键目标。根据交际法理论，有效的沟通需要同时具备理解能力和表达能力，口语表达能力的提高可以通过口语实践来实现。此外，创造易于理解的口语输出也有助于加速第二语言的学习。在教学中，交际法强调学习者之间的沟通，并且非常重视交际活动。为了实现这个目的，课堂上采用了各种方式，例如通过解决问题、制定决策、交换意见、参与图画听写等促进学生之间的互动。从交际法理论的角度来看，教育应该强调学生掌握正确的语言形式，同时注重这些形式的实际应用和功能。这有助于培养学生灵活运用语言形式，根据不同的需要、对象和场合使用合适的语言形式，在跨文化交流中更加顺利地交流。在此基础上，许多大专院校开展交际法教学实验，并尝试编写适合中国国情的教材，例如，黑龙江大学的《功能英语》注重英语运用的实际功能。20 世纪 80 年代中后期，交际法理论逐渐普及，成为我国英语教学指导思想的主流，也成为教学过程中必不可少的重要方法。中国的教育机构利用交际法的理论为基础，负责为高等教育和中小学校制定新的外语教学大纲，并编写不同类型的外语教材。同时，中国的教育领域也在探讨如何将交际法与传统的教学理论相结合，以及如何在外语教学中运用交际法理论等相关问题。另外，也有一些研究探讨了交际法的一些理论问题。20 世纪 90 年代至今，中国的教育界一直在思考和探索如何应对交际法在教学过程中所面临的挑战。

（三）交际法的语言学和心理学理论基础

交际法作为一种新的教学方法，其产生与语言学和心理学的发展有着密切的关系。“乔姆斯基革命”之前，人们对语言的认识多集中于语言的构造、语言的能力等方面，而没有注意到语言的具体运用，也没有注意到语言的本质。尽管洪堡特和索绪尔这两位德国和瑞士的语言学家分别将语言和言语作了区分，但他们并没有深入地探讨这个概念。而美国语言学家乔姆斯基的理论开创了语言研究的新领域。他引入两个新的概念，“语言能力”与“语言行为”，对当时的外语教学改革方向产生了重大影响。虽然乔姆斯基并未亲自将他的理论应用在外语教学中，但是一些教学法的学者借鉴了他的理论，并在实践中发现虽然教学效果并不如预期，但这至少让人们意识到语言的交流性质，推动外语教学走向交际化方向。

社会语言学的出现打破了乔姆斯基理论的限制。它致力于研究人类社会中语言交流的模式和语言对社会的影响。在社会语言学专家的看法中，语言最基本的作用是进行社交交流。社会语言学家海姆斯提出了交际能力的理论，这是以乔姆斯基的语言能力和语言行为为基础的。交际法是一种外语教学方法体系，它以社会语言学为理论基础，以语言交际能力为目标，关注语言的交际功能。海姆斯指出，掌握一门语言并不仅仅意味着能够构造符合语法规则的句子，也包括了在不同社交场合使用语言时是否恰当、得当。海姆斯的观点是，乔姆斯基的语言能力理论没有全面考虑到社会文化的影响因素。

因此，如果只注重在语言教学中培养学生的“语言能力”，那么将会忽视大部分的交际技能，这会导致难以在日常生活中自如地运用语言。然而，将焦点放在交际能力上意味着只是忽略了语言能力的一小部分。根据海姆斯的看法，交际能力可以在4个方面表现出来：①语法能力——能组织合乎句法的句子；②语言能力——能判断语言形式的可接受性；③社会语言能力——能在适当的环境中使用适当的语言；④语言策略能力——知道语言形式出现的概率。

系统功能语言学是由备受欣赏的英国语言学家韩礼德所建立的。他推崇运用系统语言学的方法进行语段分析，并因此开创了语言研究的新领域。过去，语言学研究着重于语言规则系统和认知功能，而忽视了语言使用功能和社会文化背景，导致外语教学过于强调语言形式的训练。这使学生只能了解语法规则，却无法具备实际交流的能力。

据英国语言学家威多森（Widdowson）的观点，要有效地培养学生的交际能力，外语教学过程中必须在语段层面上使用语言。上述一系列理论成为交际教学法的主要语言理论基础，得到了语言学家们的广泛认可。交际法不仅基于语言学理论，还根据一定的心理学理论实施。在交际法中，意念是一个至关重要的心理概念，指的是某个人的意图、愿望和期望。意念是心理学中与思维相关的术语。交际教学法的核心理念是通过实践性的交际活动的方式，让学生掌握多种语言表达技巧和思维方法，以便更好地表达自己的意思。因为人类的思维共性和普遍性，所以不同语言和种族存在着共同的思维模式。①

在20世纪70年代，教学法专家普遍认为意念项目和常用语言表达方式是欧洲主要语言教学的核心和课程大纲的基础。这为欧洲各国制定现代语言的具体教学计划打下了基础。在欧盟国家的入门阶段语言教学大纲中，他们对于意念进行了分析和说明。意念被分为了普通意念和特殊意念两个类别。

心理语言学中的功能论支持交际法的有效性。功能派认为，单纯依赖刺激－反应训练和不断纠错的方法是远远不够的，无法有效地提高学生的语言能力。

---

① 江利华．语言文化与外语教学研究[M]．沈阳：辽宁大学出版社，2020．

（四）交际法的教学基本原则和教学过程

1. 交际法的基本原则

交际教学法的语言学习观强调 4 点内容：①语言教学应遵循自然的语言习得过程，即在交际中学；②最有效的学习语言的方式是在社会环境中进行实践；③偏重于交流的话，外语学习会更加高效；④学习语言是一种有意义的相互商议的过程。

早期从事交际教学法研究的学者总结出了以下几项交际教学法教学原则。

（1）建立单元学分体系

在建立单元学分体系之前，必须先进行需求分析，了解学生学习外语的需求，并制定相应的教学目标。所有外语学习者都需要达成具体的学习目标，无论他们学习的原因是什么。作为教师，应该创造有利于学生有效学习、迅速达成教学目标的环境和条件。

（2）使教学过程交际化

外语教学应以学生交流使用语言为出发点，注重实现教学过程的交互与交流。为了确保有效的教学交流，教师需要考虑以下几个方面。

①以言语交际为核心，贯穿于所有教学之中。

②致力于将教学内容、活动和情景交际化，以达到更高层次的教学效果。

③在课堂中，以学生为中心，营造出自由的氛围。

④在语段层面使用语言，培养交际能力。

⑤听、说、读、写是综合的言语活动。

（3）发展特殊用途英语

特殊用途英语（English for special purpose），与广泛应用的“通用英语”不同，是指支持特定学习者群体的特殊职业或特殊需求的英语。它强调语言教学的课程或计划需要满足特定的要求，其重点在于实现实际应用。特殊用途英语是一个广泛的领域，可以根据不同的类型来进行专门的英语教学。

与以往的教学方法相比，交际法着重强调以学生为中心的教学模式，而不再是以教师为中心，这一改变是它与传统教学法最不同的地方。现今的教师不再像过去那样是课堂的主导者和控制者，而是扮演着促进学习、管理和参与的角色。他们也可以被视作需求分析师或咨询师，随时准备回答学生的疑问。交际教学法强调创造一种班级氛围，鼓励学生之间相互合作和理解彼此的思维和情感，让学生在口语练习中能够接受错误，积极借助小组协作的方式学习。20 世纪 70 年代以来，实施交际教学法的课堂教学逐步变得更加系统和规范，不再像以前那样简单随意。

2. 交际法的教学过程

一般来讲，运用交际法的教学过程包括接触、模仿范例练习和自由地表达思想三个步骤，[①] 这是从学生的角度来说的；从教师的角度来看，可以分为展示语言材料、指导学生模仿练习与引导学生自由表达三个部分。下文采用教师的角度来说明。

（1）展示语言材料

课堂一开始向学生展示丰富多彩的语言材料，让他们接触真实的对话，并从对话中获得各种语言表达形式的经验。一般来说，交流场景是通过真实的情境来呈现和传达的。通常会使用一系列的画作作为背景，每一幅画都描述对话中的一个方面。

（2）指导学生模仿练习

从学生们对话时所用的语言形式中选出几个例子，然后模仿这些语法内容进行练习，不改变这些语言形式所表达的意思。通过频繁模拟实例练习，学生可以更加熟练地运用类似的语句结构来表达自己的思想。学生可以通过多次模仿自然语言中的典型例句，逐渐掌握语言使用规则，随后运用这些规则创造无穷无尽的句子，体现出举一反三的能力。

（3）引导学生自由表达

为了增进语言学习效果，教师应该创造各种语境，让学习者可以自由运用语言进行活动。比如玩游戏、交谈、讲故事、模拟角色和讨论等。借助这些方法，学生可以习得多种交际技巧，以此提升他们的口头表达能力。

① 章兼中．国外外语教学法主要流派[M]//章兼中外语教育文库．福州：福建教育出版社，2016.

（五）对交际法的评价

1. 交际法的优点

交际法虽然吸收了其他教学法流派的优点，但仍存在一些不足之处。交际法的优越性可总结为以下四点。

（1）从学生实际需要出发，确定学习目标

交际法重视对学生实际语言需求的分析，并在此基础上确定他们的语言学习目标。与其他教学法不同，交际法强调以学生为主体的教学方式，而不是以教师为主导。教师会按照既定的目标来筛选教学内容，并选择适合的教学方法。

（2）重视交际能力的培养，体现语言的社会功能

传统的教学方法通常以语言形式为主，与之不同的是，交际法则更注重功能和意念项目，从而用于设计课程教材。它将语言视为人们社会交流的工具，主张外语教学应致力于培养学生良好的沟通交际能力。从社会语言学的视角来看，社会文化因素会影响并制约语言的使用。因此，帮助学生发展交际能力需要注重社会文化方面的培养，而不仅仅是局限于语言能力的发展。交际法对应用语言学家和语言教师的启示很大，即外语教学不能仅限于语言本身，还必须涵盖文化教育。在社交上展现良好的技能，需要具备综合运用语言和跨文化交流的能力，通过交际法可以将社会文化因素间接地融入外语教学。

（3）教学过程交际化，课堂以学生为中心

在课堂中，让学生成为中心，使他们可以自由地进行各种语言交流，无需受到教师的干预。作为课堂管理员，教师需要负责处理问题和维护教学秩序。学生通过参与课堂交流活动可以轻松地提升他们的交流技能。

（4）促进特殊用途外语教学的发展

特殊用途英语的实用性非常高，需要具备高水平的交际能力。在教授特殊用途英语时，交际法是最恰当的教学方法。

目前还有几个需要深入研究的问题存在于交际法中。

第一，需要进一步研究和讨论如何确认和计量功能性思维项目。

第二，围绕功能和意念的项目设计教学大纲，难以确保这些项目的教学次序是合理的。

第三，需要进一步探究如何在语言的意义表达和语法、句式结构等方面之间

找到有效的协调方式。

第四，虽然允许学生犯语言错误可能会有好处，但过于放任未必是一个聪明的做法。为了正确处理语言错误，需要避免采取极端的态度。这包括不只是执着于错误的纠正，也不能完全放任不正确的语言使用。因此，需要进一步探讨如何正确处理语言错误。在外语教学中，文化教学一直是不可或缺的一部分。虽然在不同的地区、时代和采用不同的教学方法时，文化教学的理念和方式会有所不同，然而，根据实践证明，文化教学是外语教学成功的关键。起初，外语教育主要是为了满足少数优秀人才的需求，这些人需要能够阅读和翻译外国文学作品和一些宗教手稿。因而，从那时开始并持续了相当长的时间，外语教育的核心内容一直是文学作品。文学作品以其深含文化内涵的特点，成为最能够生动地展现文化现实的一种方式。因此，最初外语教学涉及文化时，通常利用文学作品以帮助学生在阅读过程中了解目标文化的相关信息。

2. 交际法的缺点

（1）缺乏统一的标准

交际法中的“功能意念”项目多种多样，但却没有统一的标准和规定的项目。同时，编写以功能为主的教材，打破了语法的固化规则，使学习语法变得更具有挑战性。

（2）语法体系和功能大纲的关系仍有待协调

仍需解决如何在语言能力和交际能力之间取得平衡，以及如何协调语法规则和实际语用功能之间的关系问题。

（3）课程设置、考核、教法方面存在问题

在交际法领域，仍有许多方面需要改进，包括课程设置、考核和教学方法。学生最初阶段接触交际法时可能会有些困惑，因为他们通常习惯于其他教学方法。在表达相同的功能时，有多种可选的形式，应根据实际情况去选择和衡量，因为没有一个绝对客观的标准，需要在实践中不断探索，不断加以发展和完善。

（4）交际法排斥语法教学，造成语言质量下降

尽管交际法推动了学生在应用外语交流方面的提高，但学生在语言运用方面存在精度不足的问题，常常表现为语言流畅度较高，但准确性不够。

（5）交际法对教师的能力要求更高

教师在遵循交际法的同时，需要拥有更强的适应能力，同时也需要具备优秀的外语水平，这可能给他们带来一定的压力。

（6）交际法较难评估

检测学生的语法水平相对容易，然而评估他们在解决问题方面表现的能力则较为具有挑战性。

（7）教材和教学设施不完善

教材和教学设备的质量会对使用交流策略和开展交流活动产生影响。另外，若教学设备不够先进，则难以在教学中采用交际法。

（8）考试的形式影响了交际法的应用

在很多考试中，对学生的语言能力进行检测是主要的目的，而非考查学生的交流技能。很多外语教学专业人士和学生往往过分注重与考试相关的各种练习，而对于学生的交流能力没有给予足够的重视。因为考试会产生负面影响，所以实施交际法变得困难。

随着英语教育的推广和口语交流的倡导，人们对学习英语的动机和目的已经变得越来越多样化，不仅仅局限于阅读和翻译文学作品了。人们开始意识到，了解英语国家的文化背景对于学习英语语言有着至关重要的作用。因此，在英语教育中，越来越多的课程开始关注英美概况等文化课程的安排，这些独立的文化课程成为了学习英语国家文化的主要途径。在 20 世纪七八十年代后期，随着交际法英语教学的兴起，文化教学的范围扩大，涵盖了目标文化中日常生活、学习和工作情境中的文化惯例和规则。由此可见，文化教学始终伴随着外语教学。

第三章　文化对英语教学的影响

人类不仅利用语言来交流，更重要的是，语言承载着文化。一国之语言，必定会呈现该国及其民族的文化特色和思维模式。它们之间存在着紧密的联系，若缺乏对目的语言文化的掌握，就无法真正地读懂和运用外语。本章主要介绍文化对英语教学的影响，从我国的英语教学现状、中西文化差异对外语教学的影响、多元文化对英语教学的启示三个方面进行阐述。

第一节　我国的英语教学现状

一、我国英语教学现状存在的问题

我国与世界各国的联系日益紧密，政治、经济、军事和文化等各个领域之间的交流也日益加深。英语人才的需求量在国家和社会中不断增长，而且对于英语人才的素质也提出了更高的标准。

进入 21 世纪以来，随着我国加入 WTO，北京奥运会的成功，上海世博会的顺利开展等，我国正在更加紧密地与世界各国展开联系，政治、经济、军事和文化等各个领域之间的交流也日益加深。国家和社会中的英语人才的需求量不断增长，而且对于英语人才的素质也提出了更高的标准，然而，当前我们国家的英语教育局面还不能够满足社会发展的要求。所以对英语人才开展素质教育，全面提升其质量的呼声越来越大。对此，有必要认真分析我国当前英语教学的现状。

（一）教学模式单调

当下，大部分学生在中学英语学习中主要接受的是老师为主导的教学方式，在被动地接受老师的讲解的状态下学习英语。尽管大学中英语教师的授课水平相对更高，然而教学上仍然固守原有模式，这就会导致学生对于英语学习失去兴趣。

相对于其他学科，英语这门学科更加枯燥。如果教学模式不能得到改进和创新，学生的英语学习积极性也将难以提高，因而英语水平也很难得到提高。一成不变的英语教学方式是当前学校英语教育的常见问题。

（二）应试倾向明显

在初高中阶段，特别是中学三年级和高中三年级，外语课堂基本不会讲解新的知识，而主要是对之前学过的知识进行复习。复习多采用做模拟试题的方式，一堂课基本上就是师生对题，教师讲解。在大学阶段，学生们通常为了通过英语四、六级考试而将更多的时间放在备考上，一切与其无关的均无心学习和研究，一旦通过考试，他们就认为自己的大学四年已经“大功告成”，从此扔下全部考试书籍和材料。基于这种心态，用这种方式学习外语，显然不会有很扎实的语言基本功。①

（三）教学资源匮乏

教学资料主要涉及学习材料、外语传媒、教学设备、参考资料，还有外语使用的环境等。近几年来，随着我国经济的快速发展与社会对教育投入力度的加大，虽然在教学资源方面与二十年前相比有了很大改善，但仍满足不了庞大的学习者队伍。一方面，教师和学生缺乏良好的教学材料；另一方面，市面上出现的各种辅导材料，对教师和学习者都产生了一定的误导。

（四）教材选择存在弊端

教材在很大程度上决定着课程的教学目的和教学方法，因此，对于任何一门课程而言，教材的设计和选择都非常重要，甚至决定了这一门课程教学的成功与否，英语教学也不例外。目前，我国非英语专业的大学英语教材在内容选择上重文学，忽视了实用性的内容。改革开放以来，社会各方面都得到了较快的发展，但是英语教学却止步不前。特别是在教材上，教材内容已与现代社会脱节，教材设置情况已不能满足现代英语教学的需求。20 世纪 90 年代以来，虽然我国引进了和英、美等国家合编的教材或原版英语教材，并在我国本土教材的设计上有了

① 束定芳，庄智象．现代外语教学：理论、实践与方法[M]．上海：上海外语教育出版社，2008．

较大改变，但是这些教材只追求可教性与可学性，而忽视了实用性，学生从课本上学到的知识没法在社会交际中得到应用，从而渐渐失去了对英语学习的兴趣。想设计一本好的英语教材，应该考虑以下几个因素：①具有好的教学指导思想；②内容的安排和选择符合教学目标；③体现先进的教学方法；④是由学生用书、教师用书、练习册、录音带或录像带或多媒体光盘等组成的立体化教材；⑤教材的设计合理，包括教材的篇幅、版面安排、图文比例和色彩等；⑥教材语言的素材真实、地道。

总之，作为教材的直接使用者，教师可以结合以上因素为教材的设计提出建议，开发出适合我国学生的教材，从而促进我国英语教学的发展

（五）忽视了文化教学的重要性

各个国家的文化都非常丰富多彩，若要学习某一种语言，就需要了解其中所涉及的各种文化元素。但是，教师和学生的时间和精力都是有限的，无法吸收所有的文化内涵，所以在学习过程中需要合理选择学习的内容。对于我国学生来讲，主要有 3 个方面影响着交际：①语言的文化内涵；②中西文化习俗、行为规范等方面的异同；③中西文化价值观的异同。然而，我国的部分教师和学生认为，学好英语只需要学好语音、语调、语法和词汇等知识，事实上，即使掌握了这些知识，如果不了解中西文化的差异，仍然会影响交际活动的开展。

由于我国一些教师和学生对英语学习存在误解，因此教师的教和学生的学都把重点放在了语言知识上，而忽视了英语文化。这就导致学生在和外国人交际时常出现各种误解和麻烦。比如，有些学生习惯用姓称呼外籍教师，常使外籍教师很不满。因为，在英语国家用姓做称谓只限于几种少数情况（如监狱看守对囚犯的称呼、教练对球员的称呼等），而称呼教授一般是 Professor 加姓。

总之，语言是交际的工具，如果不了解各种语言所承载的文化，不了解各文化间的差异，就很难顺利地进行交际，那么语言的学习就失去了意义。文化差异的存在，常常使跨文化交际失败，因此，教师在英语教学过程中除了要强调听、说、读、写等技能的提高，还要帮助学生了解西方文化，让学生了解中西文化的差异，从而促进跨文化交际的开展。

第二节　中西文化差异对外语教学的影响

语言与文化之间的联系是不可分割的。因此，教师应加强对英语课程中文化因素的重视程度。若欲精通英语这一交际工具，则需具备相当的语言交际能力，并对中西方国家的文化差异有所了解。因此，教师不仅要从词汇、语音和语法三个方面着手，更应当致力于提升学生对文化的敏感度，以消除文化差异对学生英语学习所带来的不良影响。除了提高学生的文化领悟能力，教师还应该注重培养学生的语言运用能力，以达到更高层次的教学效果。

一、中西教育模式差异源自传统

文化是一个国家、民族在长期的生活中不断交流、融合、创新的产物，它是民众共同认可的行为准则和标准，沉淀着历史文化的底蕴和精髓，具有牢固的内在凝聚力和影响力，异乎寻常的坚定和稳固。每个文化群体都有自己的独特的传统观念和价值体系，在深厚的历史和文化背景下，中国传统的教育模式在几千年的历史长河中演化发展成为一种“灌输式”的教学方法。因此，很多教师都经常采用“满堂灌”的教学方式，这种方式被认为是中国独有的特色。

个人主义是在西方社会的近代发展过程中形成的一种观念，与西方国家独特的历史背景密切相关。个人主义并不是“自私自利”，它代表着西方社会一贯秉持的理性思维方式，和对真理的追求。个人主义是在西方社会的文明发展中崛起的一种精神引领、价值观和世界观，其深远的意义和广泛的影响不容忽略。它左右着西方人独特的人与世界的关系的观点和由此形成的思维方式和生存状态，是西方文化的核心。因此，西方社会基于这些特质形成了一种教育理念，并构建了一种民主教育模式，这种教育模式注重权利、个性，推崇个人自由的发展。这些特质被成功地融入了西方教育的竞争机制中，并对西方教育事业产生了长期而深远的影响。评分制在西方教育中被视为必不可少的组成部分，而这也与许多亚洲国家的教育体制有些相似。这种制度可以有效地激励学生进行积极竞争，促进学术领域更深入的研究和创新。

在西方国家当中，人们往往遵循并认可一种教育理念，那就是在平时的教学课堂上，单纯死记硬背理论知识的学生不是最好的。那些具备怀疑精神和思维创新的能力的学生，往往勇于质疑，这样的学生才是真正有见解的好学生。对于西方社会来说，世界观和人生价值观通常侧重于以自我为中心，更加重视个人和个性，这反映在教育中就是注重启发和鼓励，常采用引导性的教学模式。针对西方人来说，往往注重团队协作能力的培养，教学课堂是充满趣味性的，不是单纯的知识讲授课，而是充满激情的探讨课。在西方教学制度和“人本主义”理念的有效组合下，就能形成最终相对完善的激励体制，在这样的体制下，可以激励学生不断进步和发展，提升学生的思维创新能力和想象力，在这样的教育环境条件和教学模式下，更能促进学生的综合发展，更有利于实现人才培养的目标。

二、中西文化差异的具体体现

一种文化的特点可以通过其所使用的语言体现出来。每个民族都有独特的文化、历史和传统习俗等，这些特色都会在他们所说的语言中得到体现。英语的语言形式、词汇内涵、句法层次和语篇等内容反映了西方文化与中国文化的不同。如，莎士比亚深刻影响着英语语言，莎士比亚的戏剧作品中所描绘的许多人物已经成为了类似特征的人物的代名词，例如在《威尼斯商人》中的人物夏洛克，就代表着贪婪、残忍，以及不择手段地追求财富的人物形象。

随着时间的推移，人类会经历从青春期到中年期再到老年期的自然演变，然而在不同的国家，“老年”和“老人”之类的词语具有不同的潜台词，人们对此会产生不同的反应。中国有着尊老的文化，对于老年人，尤其是德高望重的老年人，通常会在他们的姓氏后面加上“老”这个称谓，比如说“宋老”“赵老”，以此表示尊敬。然而，在英美文化中，这样称呼会适得其反的，因为他们觉得“old”（老）代表着无用或过时。因此，为了避免直接使用“old”这个词，人们常用elderly和senior来代替。此外，还存在其他比较婉转的表达方式，比如no longer very young（已经不那么年轻了），这些表达方式更容易被人们接受。一些人，特别是女性，对“middle-aged”（中年的）这个词很敏感，因此就出现了一些含糊其词的、委婉的说法，比如of a certain age。

此外，在中国人的观念中，夏天往往被视为酷热难耐的季节，往往与酷暑炎热联系在一起。但在莎士比亚的一篇诗歌里，却存在着这句诗，“Shall

I compare thee to a summer's day?/Thou art more lovely and more temperate."（我能不能将夏天同你作比？／你啊，比夏天来得可爱、和煦）中国文化和英国文化中“夏天”的引申含义和情感色彩存在显著的差异。造成这种情况的原因在于双方地理的位置存在差异。中国地处亚洲大陆，气候属于大陆性气候类型，一年四季有明显的区别，夏季是最热的季节，烈日炎炎，高温难耐。由于位于北温带并受北大西洋暖流的影响，英国夏季天气宜人，温暖明媚。拥有这些背景知识，可以使人更好地理解莎士比亚诗歌中所描绘的情感。

（一）称呼语

在英语国家，通常使用单独的称呼，既不与姓氏也不与名字相连。在中国文化中，“赵同志”“黄经理”“李老师”等是很常见的称呼习惯。但在英语国家，除了一些特定职称如法官、医生、博士、教授、教士等，通常都是直接称呼名字。因此，在英语国家，学生不应该称呼“李老师”为“Teacher Li”，而应使用“Li”或“Ms./Mr. Li”等方式。

（二）致谢和答词

通常情况下，中国家庭成员之间很少使用“谢谢”这个词语，这样会给人一种彼此关系不够亲密的感觉。但在英语国家，“thank you”这个词语几乎可以用于任何场合，即使是在家庭成员之间。在英语国家，当人们被赞美时，常用“Thank you.”来回复；而在中国文化中，人们通常用否定或者回避的话语以表自谦，例如当自己的外貌或着装被称赞时，往往会谦虚地说“哪里，哪里”，这种回答会使英语国家的人觉得对方在怀疑他们的判断能力，会感到相当不自在。当别人表示感谢时，中国人常用“这是我应该做的”(It is my duty. 或 I ought to do that.）来表示自己的谦虚和客气，但西方人可能会信以为真，认为对方是因为职责才不得不提供帮助的。此时，应该使用更直接、更亲切的回答，例如“You're welcome.”“No problem.”或者“It's my pleasure.”等。

（三）个人隐私

中国人在初次见面时通常会出于礼貌而向对方打听年龄及婚姻状况等信息，以表达关怀。然而，英语国家的人们对此感到非常不喜欢和抵制。在西方文化中，这些问题是对个人隐私的侵犯，很不礼貌。所以，在与英语国家的人交往时，应当尽量避免问这些信息，以避免招致他们的反感和不满。如在一些小学英语课本中有谈论对方年龄的对话，教师需要向学生做出一些额外的解释。还有一些中国人的常用表达，如“你去哪儿？”（Where are you going?）和“你在干什么？”（What are you doing?），在英语中，这些表达可能会过于探究别人的私事，存在盘问和监视的意味，都可能被视为侵犯隐私，因此应该避免谈及这些内容。

（四）介绍

在实际的英语知识教学当中，“What's your name？”出现次数是比较多的，但该句子在英语国家的应用次数是比较少的，在实际的交流过程中，往往会先向对方介绍自己，在介绍完自己之后，无需询问，对方会随之说出自己的名字，这是自然而然的过程。即使在需要获取对方姓名的情境中，如填写表格或面试，通常也只会礼貌地问一声“Your name,please?”“May I know your name?”等。如果用“What' s your name?”对方可能会感觉被审问，感到不舒服。通常情况下，在拨打电话时，英语国家的人会先自我介绍，以确保对方知道自己是谁，以避免打错电话。

（五）比喻和联想

针对存在文化差异性的人来说，在同样的比喻下，形成的联想是不同的。所以，在这种思维下去理解另一种思维是比较难的，在这种语言基础上掌握另一种语言也是比较难的。人们往往会实现相关品质、特征和相关物体的有效结合，在了解这些品质、特征的基础上，产生相应的情绪和态度，即使这种联想不存在任何科学性的依据。

在英语文化中，猫头鹰代表着智慧，有“像猫头鹰一样聪明”的说法。英美漫画中，猫头鹰往往表现得十分沉稳聪慧。寓言故事中猫头鹰总是担当动物之间的争斗的仲裁者。但是，中国人对猫头鹰的态度却截然相反。一些人认为猫头鹰是不祥之物，会给人带来厄运。

与此相反，西方人普遍对蝙蝠持有负面印象，一提到蝙蝠，西方人会联想到丑陋、凶猛、以吸血为生的动物形象。英语中有 as blind as a bat（有眼无珠），crazy as a bat（疯得像蝙蝠），He is a bit batty.（他有些反常），have bats in the belfry（异想天开）等说法。因此，西方人普遍对蝙蝠抱有敌意和厌恶，类似中国人对猫头鹰，认为它们是令人不快的生物。然而，在中国文化中，蝙蝠却象征着吉祥、健康和幸福。由于“蝠”与“福”谐音，一些绘画将蝙蝠和鹿并列在一起，备受喜爱，因为读作“蝠鹿”的音节与“福禄”相同，象征着吉祥和高官厚禄。

（六）禁忌语

由于不同国家的传统文化和风俗习惯都不同，某个国家的词语，也可能会引起其他国家人的反感和怀疑。在具体的语言交流中，要避免应用会让人反感的语言，就是所谓的禁忌语。在公共场合内，如果应用某些词语或者讨论某些事的话，可能会引起人们的不满，在这里涉及社会禁忌性问题，一旦有人触犯社会性禁忌，就会受到社会的排斥，受到当地社会人的强烈不满，不被人认可和接受。

在英美文化中，询问关系不亲密的人的年龄是不礼貌的。除此之外，询问个人收入、婚姻、政治或宗教信仰等方面的信息都是不恰当的，这样做会显得冒犯。在中国社会中，一些类似的问题即使是刚刚认识的人也是可以交流的。但是英语国家高度关注个人隐私，不喜欢别人随意窥探自己的个人隐私。英语中有一句俗语：“A man’s home is his castle.”（一个人的家就是他的城堡）。换一种说法就是，一个人的住所是绝对私人的空间，除非有主人的允许，否则任何人都不得进入。个人的私事同样如此，不需要让他人了解，更加不喜欢受到干预。

（七）思维方式

中国人在送礼物时往往会说“小小意思，不成敬意。”（Here are some thing little for you，it’s not good.）那些不熟悉中国文化的外国人对于这种做法可能会产生疑惑，疑惑对方为什么要送一件自己认为不那么好的礼物给别人。通常，中国人在收到别人送来的礼物时，会先客气地推辞一下，接受后也不会立即打开。而在西方国家，人们会直接当面打开礼物，并且表现出赞赏之情，真诚地感谢送礼者：“Thank you.I really appreciate it.”

再举个例子，当中国人用餐时，当先吃完的人离席时，常常会说“你们慢慢吃”，这是一种非常恰当的表达，但对于同桌的英语国家的人，这一说法可能并不恰当，他会不理解。又比如，对于中年以上的人，中国人通常用“老人”来称呼，这是一种尊敬的方式；而在西方，人们则更倾向于使用“年长的公民”(senior citizens) 这一委婉语来指代老年人，因为他们不喜欢被称为老人。“你吃饭了吗？”(Have you had your dinner?) 中国人日常打招呼习惯于这样问，其含义已超过“吃饭”本身，相当于英语中的“Hello! How are you?”然而，在英语语境下，此句话所包含的意义仅限于“吃饭”本身。因此，当向一位英语国家的人说这句话时，他可能会误以为这是一个邀请，而回答“Thank you,it is very kind of you.”

（八）语言表达习惯

在征询对方意见时，汉语倾向于以正面为切入点，而英语则倾向于以相反的方式进行。在询问意见时，中国人常常以这样的方式表达：“Do you think so?”这是中国人所熟悉的表达方式，但英语母语者则不同，是“Don’t you think so?”就算是从正面切入，英语也常常在句末加上一个反问的结尾，以反句的方式表达，如：“A fine day,isn’t it?You like coffee,don’t you?It a lively day,isn’t it?”又如英语教学实践中常会遇见这样的病句“The teacher pat the boy’s head.”而英语的正确表达方法应是“动词＋人＋介词 +the+ 身体部位”。

在地址的书写过程中，也可以明显感受到中西文化的差异，中国人先写大的地名再逐级缩小，如中国北京市海淀区，而在英语中则相反，是海淀区北京市中国。

（九）词汇和习惯语

就词汇而言，它既是语言的基本单元，也是其主要组成部分。因此，基于语言的文化差异，不同的国家会在词汇上表现出不同的文化特征。同一个词在不同的文化背景下，所带有的思维形象和联想也不同。

第一，颜色词。颜色词往往具备显著的民族文化特征。在中国文化里，通常将“红色”与庆祝活动或欢庆的日子联系在一起，其含义较为单一。但是在英语中，同样表示红色的词汇“red”有着丰富的含义和情感色彩。尽管英语中存在 red letter day（纪念日，喜庆的日子）和 the red carpet（红地毯，比喻隆重的接待或欢迎）等词汇短语，但红色更多的时候被视为凶兆。

除此之外，“红色”也有负债或亏损的含义。我们需要避免使用“red”来翻译中文中的“红”，应当用其他单词或短语来表达同样的意思。例如，红茶（black tea；bohea）。在中国文化中，“白色”常被视为不吉利的象征，代表着凶兆、丧事和恐怖等负面的意义；而在西方文化中，white 则通常被赋予“苍白、善良及强烈的情感”等寓意，经常被用来表示事情的好的一面和积极的意义，如 white lie 指无恶意的谎言，white day 指吉日。在中国文化中，“黑色”常常象征悲哀、不幸、恐怖和神秘。但是，在英语中，“黑色”还可以表示庄重和严肃的含义，例如 a black tie dinner（正式的聚餐会）。由于在记账中会使用“黑色”来表示盈利，所以形成了一些词汇，比如 black figure 或者 in the black，含义为获利、赚钱。在中文中，“绿色”一词的概念相对狭窄，仅表示植物的颜色、生态环保，以及因为“绿帽子”而带上了“爱人出轨”的负面色彩，而英文中的“green”含义则更加广泛，可以表示绿色、环保，也具有新手、未成熟、绿党成员、缺乏资格等含义。如 green-eyed 的含义是眼红、妒忌。此外，因为美元是绿色的，影响了绿色的含义。因此，“green”一词也用来指代金钱（如 green power 和 greenback）。在汉语中，黄色常被用来暗示下流或含有性的意味，而在英语中，色情电影通常被称为“蓝色电影”（blue movie/film）。在汉语中，“黑马”一般用来形容那些潜力巨大但是还没有被大众认可的人；而在英语中，“black sheep”则是用来指“害群之马，败家子”。

第二，动物词，由于中外文化的差异，动物词的含义存在很大的不同。其中最典型的便是“狗”一词。在汉语中，带有“狗”的词汇通常被赋予负面的含义，例如狗仗人势、狼心狗肺、狗咬吕洞宾等。但是在英语文化中，人们把狗看作是最好的朋友，所以在英语中“dog”往往是正面含义。如 a lucky dog（幸运儿）；love me,love my dog（爱屋及乌）。在中国文化中，龙被视作圣物，象征着繁荣和幸福，是皇权的象征，代表了权威、高贵。然而，在某些西方国家，龙被视为邪恶的象征，甚至是恶魔的化身。

另外，对于熊来说，其在中西国家中的象征意义也不同，在中国，如果有人说到和“熊”有关的词汇的话，就会自然而然想到“窝囊，没本事”，但在西方某些国家，bear 是形容有特殊才能的人的词汇。象征意义不同的词汇及习语，都体现了中外文化的差异性。

除了以上提到的两种词汇，其他很多词汇的使用上也反映了中外文化的差异。

例如，中国通常将peasant翻译为“农民”，然而在英语中，这个词实际上带有贬义，被认为是指那些“教养不佳，粗俗而社会地位低下”的人，而非指直接从事农业生产劳动的人。这些差异是由各国不同的历史和社会背景所导致的。

此外，由于地理环境的差异，部分词汇的含义也发生了变化。“东风”在汉语中常常意味着暖意、生机勃勃的景象，它代表了人们对美好未来的向往；相对地，人们对于“西风”常常联想到萧瑟、肃穆的氛围，哀思和孤独的情感。如“重阳过后，西风渐紧，庭树叶纷纷”《少年游 · 重阳过后》，“寒月悲笳，万里西风瀚海沙。”《(采桑子 · 塞上咏雪花)》但是，英语文化中两者的含义恰好相反，如“Blowing from the east, bode no good for man and beast.Winds blowing from the west, please every one the best.”（风起东方，人畜遭殃；风从西来，欢乐开怀）。

（十）日常生活中

不同国家的语言禁忌是不同的。在我国，询问人年龄、经济收入、婚姻情况等是非常普遍的，也是很正常的，特别是“您去哪儿？”或“这是多少钱买的？”这些问法，都是比较常见的。但在国外某些地方，问这些问题会让人感到不悦。如果不提前了解一个国家和地区的文化习俗的话，是无法在该地区和人正常交流的，要想愉快交流是非常困难的。举例来说，在美国，如果询问别人年龄，尤其是询问女性年龄的话，会造成对方的不快，会被认为是无教养的行为，会让询问者尴尬。

类似的情况还有，在完成了一项普通任务或完成一天的日常工作后，中国人可能会说“you must have had a tiring job.”（您工作辛苦了），表示关怀和礼貌，但是英语国家的人听到会认为对方质疑自己能力差，是对自己智商的侮辱。对于朋友感冒了，中国人会表示“You should drink more water.”（你应该多喝水）。当朋友冬天外出的时候，中国人可能会提醒“You should put on more clothes.”（你应该多穿衣服），对于这些话，中国人听了会感到贴心，但西方人可能会误解为对方视自己为虚弱之人并教训自己，因此会感到不悦。

另外，对于西方人来说，其思想基础是人文主义，在人文主义模式下，更加注重人性解放，更加注重人性自由。对于英美人来说，在实际的交流过程中，通常表现出高度的自我意识。这一点在语言中的一个经典例子就是，英语中无论何时，“I”（我）都保持大写。同时，中国人和英国人都很注重对他人的尊重，不过两者的重视方式大相径庭。西方人收到礼物，通常会当场打开礼物以表示尊敬和感谢，而中国人则更喜欢在稍后才打开礼物，因为在中国文化中当面打开礼物是不好的行为。

（十一）价值观念

对于中国人来说，其传统观念是父母供孩子读书学习，最终让孩子找到一份好的工作，努力为孩子打造美好的未来。当前，很多刚刚四十出头的父母就放弃了事业和梦想，专门培养孩子，甚至很多人丢弃了工作，陪伴孩子到别的城市打工读书。

相比之下，美国所倡导的文化则坚持个人主义思想，并推崇通过个人努力获得成功。在美国，父母普遍认为他们对子女是有限的责任，父母不会把孩子的事情全部包下来，反而孩子还必须承担一些家务劳动，如摆餐桌、洗自己的衣服、剪草坪等。在上大学前旅游的费用，也可能家长给出，但不是说家长必须提供。孩子可以自已打工挣（在学校、在社会），也可以在家里干活，父母给记工钱。等到 18 岁成人后，读大学，有父母给出学费的，但父母和孩子都明白这不是父母必须应该给我的。实际上很多父母不会给孩子出学费，孩子上大学一靠奖学金；二靠打工来获得学费。

（十二）习俗文化

习俗文化是由民族的风俗习惯发展而来的文化现象，在日常社会生活和交际活动中随处可见。由于不同民族在审美和价值判断上形成了不同的观念体系，所以在不同民族的语言历史发展过程中，某些词语、事物或情景所引发的情感氛围和联想也各不相同。各民族以特定的词汇代指同一个事物，但是可能会产生不同的联想和情感反应。某些词汇的含义只在一种语言中存在，而在另一种语言中则没有对应的语义。

这种差异在称谓上的体现最为明显。在汉语中，亲属的称谓更为细化，仅仅夫妻双方的家人，就有两套不同的称谓。而英语中对亲属的称谓语就比较笼统模糊，一词可以多义，例如 aunt 可以表婶婶、姨、姑姑、伯母、舅妈；sister 可以表示姐姐，也可以表示妹妹；uncle 可以指叔父、伯父、舅父、姑父、姨夫，也是尊称长辈的称谓；Cousin 可以指表兄弟姐妹和堂兄弟姐妹。

在美国直呼教名(First Name 或 Given Name)在同事、邻里、同学、长辈对晚辈、上级对下级等之间十分普遍，显得友好和随便，甚至可以教名呼长辈或上级，这不是不恭的表示，而是体现出一种平等关系，这一点有悖于我国的习俗。汉语称谓讲究尊卑有别，长幼有序，因此，我们称呼上级，很难直呼其名，常常以职务作称谓语，以表达尊重和认同。对于长辈，我们称“奶奶”“叔叔”以示尊敬。

三、中西文化差异对英语教学的影响

文化和语言存在比较密切的联系，人们可以通过了解二者的联系来学习相应的文化背景知识，可以从根本上提升人们自身的语言应用能力。但在以往的英语教学模式下，存在只重视理论知识传授，忽视不同国家文化背景知识讲授的问题，没有实现语言和文化的有效结合，而是把语言和文化隔离开，导致英语学习中出现文化层面上的问题，最终形成了所谓的中国式英语。所以，在具体的外语教学当中，教师必须在讲授基础外语知识的基础上，明确语言具备的社会文化因素，让学生了解语言文化的背景知识，合理导入国外文化知识。中西文化差异的存在，一定程度上影响了英语教学方案的实施，这种影响体现在教学的多个方面，下文主要以英语精读课程教学为主，明确文化差异对该课程的影响，且从语音、词汇、写作等多个角度入手，深入分析该影响。

（一）中西文化差异对语音教学的影响

在汉语中，每个字都由一个音节构成，而在英语中则并非如此，既有单音节词汇，也有多音节词汇。此外，汉语词有阴阳上去的声调之分，而英语中则没有；英语中的单词带有重音，而汉语中则没有。这就使得英语与汉语之间存在着一定程度的差别。此外，中英两种语言在音韵和节奏方面呈现出显著的差异。因此，在英语语音教学中，教师需不仅关注学生音素及单词的准确发音，还需引导学生关注重音、连读、句子节奏等。在教学课堂上，为了让学生全面了解英语的音韵美以及其与汉语的差异，教师应当带领学生欣赏英文歌曲、诗歌等。例如，电影《窈窕淑女》(*My Fair Lady*) 中反复诵唱的绕口令“The rain in Spain stays mainly in the plain.”就可作为素材，增强学生对 [ei] 的发音认识，让学生了解英语的音韵。

（二）中西文化差异对词汇教学的影响

中西文化差异性比较明显，表现在多个方面，不仅表现在地理环境的差异上，还表现在人们思想观念的差异。很多英语教师在教学中发现了词汇与文化之间的密切联系，中英语言词汇的不同就体现在常用词汇、习语、成语和典故当中。以“freeze”为例，其本义是冰冻、结冰，在教学中对这一词汇含义的讲解基本停留在这一层面。但美国是一个很多人都持有枪支的国家，“freeze”还有一个常见含义，就是站住、不许动，如果不理解这层含义，可能会遭遇生命危机，所以，英语教学也要进行一定的文化知识讲解，以便学生更好地理解英语语言。

（三）中西文化差异对篇章教学的影响

在英语能力测试中，加强英语阅读理解能力的测试是比较重要的，只有具备专业化的英语阅读理解能力，才能学好英语，并有效应用英语。在实际的英语教学过程中，往往会出现学生不理解阅读理解题目意思的现象，这就反映出了中西文化在观念、价值、道德规范和行为准则诸多方面的差异，另外还能反映出人们思维意识、逻辑判断能力及语言表达能力的差异。在具体的外语阅读过程中，要想正确理解词汇和了解课文大意，必须加强对相应国家文化背景知识的了解，只有这样才能全面掌握其文化内涵。在进行语篇教学之前，教师不仅要掌握学生的英语学习情况，还要了解相应的知识结构，要提前准备好理解语篇所需要的所有背景知识，明确相关背景知识提取的有效方法和途径，以此来扩大学生的英语学习知识面，让学生正确理解所读语篇的大意。

（四）中西文化差异对写作教学的影响

在英语学习中，写作技能是一项至关重要的基础技能，同时也是一项需要综合运用多种能力的技能。

英语写作是英语学习中重要的基本技能之一，也是一项综合技能。通过考核学生的英语写作情况，可以了解学生的基础知识掌握情况和运用情况。因此，在外语学习过程中，掌握英语写作方法和技巧十分重要。但影响学生写作的障碍和

因素较多，特别是由于汉语的思维和习惯，学生使用句法和修饰时会带有明显的汉语色彩，与英语习惯用法存在明显差异

例如：I cost 2 hours read English everyday. 此类句子会在学生的英语写作中出现，这样的表达是中国式的英语表达，是逐字翻译，完全不符合标准的英语表达。可见，学习者要想提升自己的英语写作能力，必须改变中国式的思维模式。尽管有些表达在句法上是正确的，但是并不符合英语表达习惯，英语母语者能够听懂但是会感到很生硬。这是因为中英语言的文化差异，尤其是思维模式存在差异。所以，英语教师需要为学生提供优秀的范文，使其由仿写开始学习英语写作，同时在教学中培养学生的英语表达思维。

（五）中西文化差异对外语教学理念与课堂模式的影响

在中西方文化的不同价值观影响下，中国教育理念更加重视“解惑”，而西方则更加重视“疑辩”。中国的文化中儒家思想一直是主流和主导，自古以来人们一直将教师视为传道授业解惑者。由此可以看出中国教育中对老师的要求很高，同时也认为老师的地位和权威是不可动摇的。

古希腊哲学家苏格拉底对西方教育产生了深刻影响。苏格拉底主张：任何人都没有权力强制别人信仰任何事情，也不能剥夺别人自由思考的权利。中西方观念上的差异势必会在教育理念方面产生影响。苏格拉底将自己当作一个助产士，他通过对话和问题引导的方式，帮助学生发现答案中的错误，并逐步引导学生接近真理。这种教学理念导致了学生授课为主的教学模式的出现。

中国的文化观念和思维方式，导致英语教学仍然主要采用教师授课和语法翻译模式。这种做法并不利于学生的自主学习和英语综合应用能力的培养。与此同时中国学生普遍受到“耻文化”的影响，注重他人对自己的评价，对于公开出现不妥行为也感到非常不安，尤其是因此带来的羞耻感更令他们厌恶。因此，中国学生，特别是具备较强羞耻心的大学生在英语课堂上往往很少甚至不会主动发言。这也成为中国英语教学模式改革的一个困难之所在。

（六）中西文化差异对于英语语言教学本身的影响

在中西方文化差异因素的影响下，对于中英语言来说，其本身也出现了较大的差异性。对于英语教育人员来说，必须时刻明确这种差别。在具体的英语教学

中，教师需要引导学生了解中西语言的不同。教师应当帮助学生认识中西语言在词汇、语篇、语法等方面的具体差异，以巩固学生的英语基础。词语的意义并不仅限于语言意义，而且还涵盖了文化意义，因此在教授中西方词语意义差异时，需要注意这一点。

词语的文化含义不仅受到民族心理和价值观的影响，还与民族的审美观等因素密切相关。中英语言中词语的文化意义存在两个主要方面的区别：词汇的非对等性和词汇所引起的联想。所以，在进行词汇教学时，需要强调的不仅是语言本身的教学，也需要强调文化的传授。除了让学生了解词汇的实际意义和使用规则，也应该让他们明白词汇所代表的文化含义，并指导他们如何合理地在语言交流中使用词汇。在文法方面也是如此。既然已经明确了中西方文化差异对句法和语篇的影响，就必须体现在实际的英语教学当中，并有所引导。只有让学生明确中英文差异性的根本性原因，才能让学生找到最适合自己的学习方法，而不是一味地死记硬背，追寻一些表面的规则。

第三节　多元文化对英语教学的启示

一、多元文化教育的发展

多元文化在世界范围内的不断发展对教育研究也产生了重要的影响。多元文化教育的发展走向如下。

（一）促进教育从一元走向多元

人类的文化演进呈现出从文化一元隔阂，到文化多元并存，再到文化多元互动的历程。由于教育紧密地与政治、经济和文化相互关联，因此，随着国际形势的变化，教育也承受着新的压力和挑战。教育也应发挥自身对政治、经济、文化等的反作用，促进各国人民相互理解，助力世界和平。教育肩负培养年轻一代具备民主精神、尊重他人、包容不同、平等待人、自由思考及理解能力等良好品质的使命。除了顺应多元文化趋势，传承文化传统，教育还应当帮助人们理解和把握文化的过程性、连贯性和变化性，以促进文化认同。教育的一个重要目标应该是引导学生去尊重并理解其他文化，推动全球文化平等格局的形成，促进多元文化和谐发展以及推动世界的稳定与繁荣。多元文化教育可以通过为学习者设计特殊计划、课程或活动，保护文化多样性，并促进其发展。这种教育有助于学生在学业上更成功，同时增强其对国际事务的理解。其初衷是让学生逐渐拓宽视野，尊重邻国文化并最终欣赏世界文化。

1937 年以来，联合国教科文组织在众多国际教育大会中的发言都在认可多元文化，并号召各国致力于对不同民族文化的尊重、保护、传承和创新。这反映了国际社会和舆论重视多元文化教育，体现了其提出的教育措施具有强烈的一致性与坚定性。不同国家和民族一直以来都有自身独特的教育体系和实践，这为各国在开展多元文化教育中不断改进、提高和相互学习提供了资源，这也是教育改革和创新的重要资源库。这些资源不仅使得多元文化教育拥有丰富的教学内容，同时也为提高教育成效打下了坚实的基础。所以，现在的教育应该吸取各国、各民族文化的精华，拓宽学生的视野，使之看到世界各种文化之间的异同，并促进各种文化的生存和发展。

（二）促进教育从隔离走向理解

当前人类的活动范围越来越大，人与人之间的交流与互动也在愈来愈频繁，从封闭、半封闭、隔阂的状态逐渐变为半开放、开放、相互交流的状态。同样地，社会经济也向全球化转变。现今的发展势必要求以往的文化隔离状态转向多元文化，文化不再是排他的，而是更具包容性的。各个国家、各个民族的人群之间的交流不断增多和深入，文化之间的联系也从以前的彼此疏远、孤立到现在的彼此接近、依赖。多元文化共存、共同发展，和随之而来的对家乡和对民族文化的怀旧之情，促使人们从更现代、更高级和更长远的角度来思考教育，思考人类品格的塑造，审视世界各民族的文化，打造一个崭新的世界文化图景。同时，文化人类学的研究也表明了各国、各民族文化存在差异的同时，也存在相似和相通之处，这些发现为不同文化群体的彼此尊重和交流提供了人类学上的启示。

随着文化的不断变化，教育的培养目标也需要相应地进行调整。现在，教育着重培养跨文化能力，也就是和他文化的人成功交际、理解，以及适应他文化环境的能力。具体地说，要有效地培养跨文化人才，需要关注以下几个方面。

1. 培养开阔的文化视界

多元文化教育应当为学生提供机会学习各民族文化，拓宽他们的文化视野，使他们在深入了解、欣赏和把握本民族文化的历史和精髓的同时也能够领略世界文化的发展和精髓。

2. 树立开放的世界文化观

在教授学生各民族的文化知识的过程中，多元文化教育也应该注重将文化观念融入其中，应该培养其跨文化意识，使其深刻认同和理解自身文化，具备民族自豪感、文化自觉、文化自信的基础，尊重、包容并接纳其他文化。

3. 倡导积极的跨文化情感

多元文化教育不仅是培养人才的过程，还是一个涉及本土文化和全球文化之间情感交流的复杂过程。因此，应该重视培养学生积极性的跨文化情感，让他们在对本民族文化感到自豪的同时，对异文化既不盲目排斥，也不盲目崇拜，从而养成自尊、自爱、平等、开放的文化态度。

4. 提升全面的跨文化能力

多元文化教育应当注重培养学生跨文化交际能力和适应力，并在多元文化共存和文化差异越发显著的情况下掌握主流文化，改善自身观念与行为。选择、组织和重构文化，促进文化再生和继承文化，教育能够传播、整合文化，这也使原有文化的性质、功能等方面发生变化，从而再生出新的文化，引领人类超脱外物的禁锢，超越有限的生命，进入精神上的自由境界。所以，当代教育承担着前所未有的文化使命，也就是提升全球文化的发展潜力。

（三）促进教育从封闭走向开放

教育政策在全球范围内经历了三个不同的发展阶段，旨在突破文化边界的限制。也就是从带有种族主义的同化教育，逐渐演变为多元文化共存的多元一体化教育，最终达到多元文化互动的多元文化教育。同化教育阶段，突出表现为以种族为中心，希望并尝试使其他文化接受本文化的主导，遵循一种文化普世原则；多元一体化教育阶段，可以看到显著的种族多元的特征，体现了一种文化多元视角，并且这种视角是基于对各种文化的认可；多元文化教育阶段，主要特征为族际交往，这种教育是建立在对多元文化关系的深刻理解之上的，是与文化发展规律相适应的，是一种多元文化相互接触、相互渗透和相互影响的教育。上述发展过程反映了社会文化发展的历程，反映了当代社会文化之间平等交流和多样化发展的关系，体现出了教育不再仅仅是区域性行动，更在逐渐成为全球性行动，体现出教育的文化取向正在由静态转向动态。因此，随着全球形势的变化，需要重新审视主流文化教育的起点和终点，正视教育中存在的限制，适应不同文化群体的文化需求，确保来自不同文化群体的学生都能够学业有成。

如今，全球化趋势已经势不可当，并且在不断加快，各国各民族的文化交流越发频繁，人们对文化差异也越发敏感，多元文化要求人们具备更高远、更广阔的眼光，来看待和理解文化和文化差异，注重多元文化教育。通过这种教育培养具备尊重差异、宽容等品质的世界公民，客观、正确地看待不同文化的边界，认识到本国文化、本民族文化的特殊和优秀之处，以及文化差异带来的交流和矛盾，将之作为保持和发展文化多样性的力量。多元文化教育需以各文化的彼此尊重和交流、理解和平等对话为基础，推进文化互动和共同发展。需培养跨文化人才，促进世界文化发展，推动世界和平。历史证明了，人类必须持开放、包容的态度，才能了解多元文化的共存局面和重要影响；人类必须站在全球、全人类的视角上，并具备较强的跨文化能力，才能推动世界各国、各民族的和谐、发展。

二、多元文化背景下英语教学的原则

（一）文化性原则

学生学习英语不仅是学习单词及语法，同时也是在学习语言文化。语言既是文化的一部分，也是文化的重要载体，因此文化教学理应成为语言教学的重要组成部分。重视文化原则需要教师做到以下两点。

1. 加强文化知识的传授，鼓励学生积极参与实践

在传授基础知识的同时，教师应当注重对学生英语交际能力的培养，以及英语文化知识的传授。例如，课上讲解与课程主题有关的英语文化，引导学生在课堂和课外不断进行实践和练习；积极举办英语“沙龙”活动或播放英语影视片段，组织英语讲座和演讲、话剧表演比赛；等等，以培养学生在实际生活中运用英语语言的能力和技巧，增强他们的听、读、写、说能力，丰富他们的知识积累。

2. 利用教材渗透多元文化，提高学生的英语文化水平

教师在处理教材时，可以将课本内容与多元文化相融合。不断扩展，引发有关文化的信息。如果学生不了解其文化背景知识，就不能很好地掌握外语。在语言的构成中，词汇是最为活跃的元素之一，同时也是承载着文化的重要载体。所以，教师应当特别讲解英语词汇所蕴含的文化内涵。这些词汇往往蕴含着丰富而深刻的文化背景知识，反映了当时当地人们的社会生活及思维方式。掌握英语词汇的理解需要深入了解相关文化知识，这将对学生产生积极影响。例如，在英语中，dog(狗) 是人们生活中的重要伙伴，甚至有时直接泛指人。于是就有了“Every dog has his day.”(凡人皆有得意日)，“You are a lucky dog.”(你是个幸运儿）在汉语里，用狗比喻人多带贬义，如走狗、狗腿子等。另外，由于环境、历史和文化的不同，在表示相似的比喻或象征意义时，英语和汉语会使用完全不同的颜色词，如 blue movie（黄色电影），green hand（没有经验的人）等。

教师可以运用多元文化元素进行语法教学，以促进学生对语法知识的深入理解。运用恰当的英汉语言比较，激发学生的讨论热情。同时，还要利用多种教学方法激发学生的求知欲，提升他们的信息获取能力，扩展他们的知识领域，协助他们牢固掌握英语语法，增强他们运用英语的能力。例如，在总结名词复数形式时，变化规则中以“o”结尾的名词一般情况下在词尾加 es，但是，由于英国多次受到外来种族的入侵，英语词汇中有很多外来词汇（如 tobacco，piano 等）则在词尾加 s。

（二）交际性原则

英语学习的最终目的是使用英语；英语教学的最终目的是培养学生对英语的综合运用能力。因此，在教学过程中，教师要始终遵循交际性原则，以培养学生的交际能力为最终目的。也就是说，要培养学生运用所学的语言知识在不同的场合、对不同的对象进行有效得体交际的能力。具体来说，教师在教学过程中需要注意以下几个方面。

1. 正确认识英语教学的性质

教师首先需要认清英语教学的性质。英语教学作为一种技能培养型课程，其教、学、用三个方面构成一个有机的统一体，三者之间是一种相辅相成的关系，其中“用”在这三个方面中处于核心地位。与学习游泳类似，英语交际能力是在

实践的过程中培养出来的，如果只有理论没有应用，就很难达到预期的目标。因此在教学中应时刻给学生锻炼的机会，加大英语使用的力度。

2. 将英语作为一种交际工具

英语是一种交际工具，英语教学的目的是培养学生使用这种交际工具的能力。交际工具的应用能力是在实践当中培养出来的，因此教师在教学中及学生在学习中都要把英语作为一种交际工具，教师和学生在课上课下都要积极使用这种交际工具进行交流。

在英语教学中，教师或学生并不是单纯地教知识或学知识，而是通过操练，培养成形成用英语进行交际的能力。教师要尽量利用教具为学生创造适当的情境，协助学生进行以英语作为交际工具的真实的或逼真的演习。这样学生不仅学得有兴趣、有成效，而且能真正活学活用。

3. 在教授中灵活创设交际情境

要想让学生具备使用英语进行交际的能力，使学生能够在适当的地点和时间以适当的方式向适当的人讲适当的话，就应在英语教学中创设情境，开展多种形式的交际活动。众所周知，利用语言进行的交际总是发生在特定的情境之中。情境包括时间、地点、参与者、交际方式、谈论的题目等要素，在某一特定的情境中，某些因素，如讲话者所处的时间、地点以及本人的身份等都制约讲话者说话的内容、语气等。而且，在不同的情境中，同样的一句话也可以表达不同的意义。例如，“Can you tell me the time?”这句话可能表示的意思就有两种：一是向别人询问时间，是一种请求的语气；二是表示对他人迟到的一种责备。因此，在英语教学中，要把教学的内容置于一种有意义的情境之中，这样才有可能让学生充分理解每一句话所表达的意思。

在一定的情境中进行的英语教学，还可以使学生身临其境，提高学生学习英语的兴趣。因此，教师在教学过程中要充分结合教材内容，利用各种现有的教具，开展各种情境的交际活动，这样对学生和教学都会产生有利的影响，收到较好的教学效果。此外，教师也可以设计任务型活动，让学生通过完成特定的任务来获得和积累相应的知识与经验。需要注意的是这些活动需要有交际的性质，才有利于交际目标的完成。

4. 结合学生的生活来选择教学内容与活动

在进行英语教学时，现实生活这个因素也是需要考虑的，因为语言总是与现实生活密切联系的。因此，在英语教学中，教师应把语言和学生所关心的话题结合起来，给学生提供足够的、内容丰富的、题材广泛的、贴近学生生活的信息材料。这样的材料由于具有一定的现实性，因此容易使学生产生共鸣，从而调动学生的兴趣，也能促使他们认识到学习英语的目的在于交际，而不是应付考试。例如，在教学关于交通工具的词汇时，教师可以联系学生的出行方式，引导学生想象自己每天是如何到学校的。根据学生的回答，如步行、骑自行车、坐公交等，导入 on foot、by bike、in a bus 等单词与短语。又如，在大学英语教学的过程中教师可以结合学生毕业后面临要找工作的问题，训练学生撰写简历、通知等的能力。

三、多元文化背景下英语教学的目标

我国曾经把“掌握语言基础知识和基本技能”作为培养外语人才的目标，这已经不能满足现代社会文化多元化的发展趋势。在多元文化的现代社会，我国需要重新制定英语课程的目标，了解英汉文化差异，增强跨文化意识，才能培养出符合当今社会需要的人才。基于我国当今的社会背景，并在借鉴其他国家的多元文化课程目标之后，笔者归纳总结出了我国的多元文化课程的目标。

（一）帮助学生学习和了解世界文化

世界各地因为地理环境、历史背景、社会发展、生活方式，科技水平等的不同，孕育了不同的文化传统，而每一种文化都有不可剥夺的存在理由和不可替代的独特价值，不同的文化群体使世界的文化呈现多元化。

随着社会的发展，各国、各民族之间的交流越加频繁，而不同的民族文化之间存在着巨大的差异，如果不了解不同民族的文化，就难以避免文化冲突。如果学生没有学习、了解世界文化的多样性，就有可能对其他国家、民族的文化持排斥、否定的态度，导致交往中的文化冲突，对学生个体的成长、社会的发展都将带来无法弥补的破坏。因此为了适应现代生活的需要，为了适应不同国家、民族之间交流的需要，教师应该帮助学生学习和了解世界文化，使学生了解到世界文化的多样性，使学生形成开放的心态去对待世界，不惧怕陌生的事物，不惧怕陌生的面孔，理解、尊重外国文化，从而避免文化冲突，实现平等交往、成功合作。

学校应当为学生提供广泛的学习和了解异文化的机会，以培养他们对异文化的尊重和理解，从而使他们掌握理解世界各国和民族文化的技能。

学校应给学生提供学习外国文化的机会，其一是如果学生积极了解外国文化，能够培养出尊重外国文化的态度，并在此过程中学习跨文化的基本技能，从而可以更好地理解其他民族文化。这样，可以使学生在有限的学习时间和有限的精力下学习其他民族文化，实现教学的举一反三。另一方面，通过学习其他民族文化，学生可以建立一个系统完备的参考框架，以便对本国文化进行评估和反思。系统化地学习外国文化，能够深入探究其生成和演变，领悟其文化内核，从而可以为学生反省本国文化提供对比参照。缺乏对不同民族文化的学习，会使学生对本民族文化的反省不全面、评价不公正，甚至会使学生从不反思本国文化，这将不利于文化的发展。

（二）引导学生尊重和接纳世界文化

多元文化视角下，学生仅仅学习和了解世界文化是不够的。在世界文化呈现多元化的背景下，要培养学生跨文化的交际能力，不仅需要帮助学生确立多元化观念，更重要的是引导学生尊重和接纳世界文化。

引导学生尊重和接纳世界文化，需要帮助他们广泛了解多种文化，丰富对人类多元文化的认识和理解，从而发现这些文化所共同具有的追求美好生活、美好世界和美好未来的内涵，和对平等和正义的共同理解，引导学生认识到促进社会的平等与发展是每个社会成员的责任；引导学生尊重和接纳世界文化，需要培养他们掌握的一定的方法和技能，并加以利用，深入探究其他文化的形成和本质，并以其他民族文化为镜，不断剖析和反思自己民族的文化，从而提升个人修养；引导学生尊重和接纳世界文化，就是要帮助学生以开放的心态去认识世界，认识自我，培养其多角度思考问题和概念的思维方式，发掘文化多元的价值，从而促进对文化平等的维护和尊重。

需要强调的是，在多元文化教育的背景下，不仅不能减少本民族文化的课程，还应加强。多元文化教育作为学校教育的重要组成部分，与国家教育的宗旨相契合；然而，它并非学校所提供的全部课程，而是以单一文化教育的存在为前提，与之形成了鲜明的对比。若未有本国或本民族的文化传承，外国或其他民族的文化学习便无从谈起；同样，没有独特而完整的本民族的文化，也不可能形成多元化的文化观。只有当一个国家或民族拥有并保留其独特的文化特色时，才能在国际舞台上占据一席之地，并为全球文化的发展助力。理解自我和他人是一种相互促进的过程，而多元文化教育则是在尊重和理解其他文化的同时，深入认知和发展自身文化。

（三）培养学生的批判性思维

在多元文化视域下，不应用自己的文化、道德、价值观的标准去衡量和评价，或者拒绝其他民族文化，也不应盲目模仿、追随其他民族文化，而应以公正、宽容的态度对待其他文化，并坚持自己的民族的优秀文化。因此，多元文化视域下的英语课程除了要帮助学生学习和了解世界文化，引导学生尊重和理解世界文化，还需要促进学生反思本国文化，发展学生的批判性思维。

如果说中小学阶段的英语教育注重的是英语语言知识的教学，那么思维能力就是高等教育的教学核心。思维能力对学生的语言学习乃至对宏观事物的认知都起着至关重要的作用。在国外，很多学校都将培养学生的思辨能力作为教育目标纳入教学计划中。1993 年，美国政府把思维能力纳入教育目标中。2001 年，美国得克萨斯州和英国剑桥大学等在高校入学考试中增加了思维能力测试这个部分。而我国的英语教学仍然沿循传统的英语教学理念和模式，并未对学生思维能力的发展予以足够的重视，造成当前英语专业学生的分析、推理、解释、批评等能力普遍较弱。针对这种情况，我国英语教学应将培养学生的思辨能力视作高等英语教学的重中之重。

近几十年来，国外关于思维能力的研究较国内更加成熟。这些研究成果中，“德尔夫研究”模型（The Delphi Research）以及保罗（Paul）和埃尔德（Elder）提出的思维结构模型是最著名的两个理论模型。“德尔夫研究”指出，思维能力是由认知能力和情感特质两个部分构成的，认知能力包括理解、分析、推论、评价、解释和自我修正六个部分。情感特质指寻求真理、思想开放、分析能力、系统性、自信心、追根探究和认知成熟等七种性格特征。1990 年，美国学者保罗 & 埃尔德从教学需求的角度指出分析思维包括八项要素，九个评判标准和具有批判性思维的人所具备的七个智力特征。八个要素为：目的、问题、概念、信息、结论、假设、蕴意和视角。九个标准为：清楚、真实、准确、相关、深度、广度、意义、逻辑和公正。七个智力特性分别为谦虚、勇气、移情、正直、毅力、推理和公正。①

小组对话、分析文章、合作学习、项目研究、论文写作等课堂活动往往比选择题更加有助于提高学生的思维能力。它们使学生在发挥主观能动性的同时能够积极思考，运用批判性思维，最终对所研究、讨论的事物形成全面的、客观的、独特的、辩证的观点。由此可见，学习世界文化给学生审视本国文化提供了良好的机会。多元文化教育、多元文化课程为学生打开了视野，使学生能够从多个角度看待本国文化。在对本国文化与外国文化的对比分析中，学生能够用新的视角去看待、考虑母语文化中的观点与现象，并以多元文化的视角反思这些既定的价值观、信仰、行为方式。部分之前认为无可厚非的或者“天经地义”的观点在多元文化的视角下变得摇摇欲坠，部分新鲜的外国文化观念展现出其优越性。多元文化的碰撞促成了学生对本国文化，乃至对外国文化的反思，并取其精华，去其糟粕，最终建立起属于自己的个人文化观念。只有广泛接触世界文化，了解世界文化的多样性，了解本国文化与其他文化的差别，学生个体的独特性才能得到自由的发展与充分的尊重，文化的繁荣昌盛才有可能实现。

综上所述，在世界文化碰撞剧烈的今天，国内英语教学不能再局限于中国文化观的指导，而应从多元文化的角度来审视国内的英语教学，发现其中的不足，树立科学的英语教学目标以便更好地提高我国高等院校英语专业学生的思辨能力，形成成熟的批判性思维，为将来的学习和工作起到促进作用。

四、多元文化背景下英语教学的重点实践方向

（一）激发学生对文化差异的兴趣

学生无论学什么，只有在自己真正感兴趣的情况下，才会充分发挥自己的主观能动性，学习英语也是如此。因此，在传授跨文化知识时，英语教学不能不重视对学生关于文化差异的兴趣的激发和培养。英语教师需要与时俱进，采取多样化的、创新的教学方法，结合时事丰富教学内容，增强教学的趣味性和互动性，

① 刘艳萍，文秋芳，王建卿．国外大学生思维能力研究评析及启示[J]．石家庄经济学院学报，2010，33（5）：133-136.

从而有效激发学生的学习兴趣和积极性。

教师可以通过教学方法、教学内容的对比激发学生对文化差异的兴趣。介绍文化背景，比较文化差异，最好的方法是透过语言材料，进而了解其中所含的民族文化语义。通过这种方法，教师可以把枯燥无味的词语解释、语法讲解等变得形象生动，使学生在活跃的气氛中不仅能学到英语语言知识，还能领略到英语民族文化。

教师是教学的主导者，而学生是教学的主体，在教学中处于中心地位，教师传授的知识最终要由学生加以理解、吸收，而学生跨文化交际的能力主要靠实践来培养。英语教师应根据教学内容和学生特点，在课堂上采用灵活多样的教学方法和教学手段，并帮助学生树立坚持不懈、持之以恒的英语学习态度。在培养学生的学习兴趣的同时，教师还应当帮助他们养成良好的学习习惯，也就是教会学生学习方法。如果学生只会整天抱着课本死记硬背，则很难掌握实际的英语交际能力。教师在教学中一定要结合具体教学对象的学习实际，采用行之有效的教学方法。英语是一种工具，英语学习是一个漫长的过程，文化信息需要日积月累，学生只有通过持之以恒的学习和大量的实践训练才能做到活学活用，形成驾驭英语语言的跨文化交际能力。英语教学不能讲授单一的语言知识，而是要将英语文化的教学融入其中，将文化差异对比分析融入其中，使语言教学与文化教学相互促进，培养学生理解和应对文化差异的能力

（二）培养学生的跨文化意识

因为跨文化意识十分重要，所以教师在教学过程中必须重视对学生跨文化意识的培养。在英语教学中，教师要充分利用现代化的教学手段，介绍英语国家的文化背景，让学生最大限度地接触一些英语国家的文化信息。

对跨文化的敏感性主要来自两种途径。一是直接途径，也就是通过在外国生活、体验的方式来获取文化信息，培养对异国文化的敏感性。这种方式比较难以实现。因此，我国英语教师可以采用另一种途径培养学生的跨文化意识，即间接途径。间接的方法有很多，包括课堂学习、课外阅读、收听英语广播、观看一些英文图像资料等。但是英语课堂教学毕竟有一定的局限性，因此课外学习活动也是培养学生跨文化意识的另一选择，教师应该鼓励并指导学生开展形式多样的课外学习活动，特别是要借助先进的现代化教学手段，加强学生的语言听说训练，

直接在英语教学中给学生导入一些英语文化背景知识。教师应该鼓励学生观看英文原版电影、录像。由英语国家本族人所演绎的英文原版电影、录像都具有浓厚的英语文化气息，因此通过观看英文原版电影、录像提高文化差异敏感性是一种非常有效的手段。对缺少英语语言环境的我国英语学习者而言。最大的困难就是从课本里学来的英文知识往往与现实生活中的语用实际脱节，而观看英文原版电影、录像不仅可以扩大词汇量，增强听说能力，还能从中学到很多文化知识，动态的电影、录像情境，往往会让他们更容易理解外国文化，印象也更为深刻。

（三）增强学生的跨文化感悟力

通过文化差异的比较，学生会在头脑中形成一种潜在的反应能力，这种能力就是通过语言这一载体对英语所反映的文化内容的综合性的理解能力，也就是人们常说的文化感悟力。

在英语教学中，教师应注重对英语国家文化背景的介绍，使学生了解英美等国家的文化，通过比较英汉文化的差异，让学生明白不同的语言背后的不同文化，学会在适当的场合用适当的语言表达自己的思想，实现培养和提高学生运用英语在跨文化语境中正确交流的能力。

增强学生的跨文化感悟力，需要教师引导学生接触、理解文化差异，教师可以在课堂中教授文化知识。教材中有不少关于英语国家的生活方式、行为规范、价值观念、历史地理、文化艺术、风土人情、传统习俗等方面的对话和课文，教师应该让学生注意这些文化知识，增加学生对英语国家文化的感悟力。教师还可以通过指导学生开展课外活动来学习西方文化知识，如带领学生多读一些英语报刊、多听一些英语广播、多看一些原版影视资料来广泛接触和逐步丰富英语文化背景知识；还可以指导学生开展英语角、英语晚会、专题讲座以及课外实践活动，使学生在不断接触英语文化的环境中比较文化的差异，培养跨文化意识，增强跨文化感悟力。学生增强了跨文化感悟力。就容易理解交际中出现的文化差异，如一见到 black tea，头脑中就立刻明白这是中国人常喝的红茶。

教师必须基于教材和课程，开发和挖掘其中的文化内涵，带领学生进行延伸学习，了解教材、教纲之外的英语文化知识，以便帮助学生认识和理解中西文化差异，体验文化多样性，提高文化感悟能力，进而培养其跨文化综合能力。所谓的跨文化意识指的是学生对于中外文化差异和相同点的敏感性，和在跨文化交际中适应异文化并自觉作出合适的语言行为。跨文化意识在现代的跨文化交流中有十分重要的作用，缺乏跨文化意识往往会造成跨文化交流的失败。值得注意的是，在跨文化交流中，语言上的错误往往容易被别人谅解，由文化差异所引起的错误往往比语言性的错误更为严重，难以得到别人的谅解。传授文化知识的目的在于培养学生的跨文化意识，使学生能够自觉地按照英语的文化习惯使用英语进行交流。如果忽略或轻视了跨文化意识的培养，就会造成只教授语音、语法规则、词汇这些纯语言知识，从而影响学生的语用能力，使学生不能正确地运用英语进行交流，学生的英语语用不符合英语社会的文化性常规的局面。

第四章　英语教学中的文化教学

语言既是文化的载体、文化的积淀、文化的映像，又是文化的重要组成部分。因此，语言教学必然要包含文化教学，学习语言的过程其实就是了解和掌握该语言文化知识的过程。然而，在我国，有意识、较为全面的文化教学尚处于起步阶段。在本章中，将主要介绍英语教学中的文化教学，具体分为文化教学的地位和作用、语言教学与文化教学的关系、文化教学在英语教学中的实施三部分。

第一节　文化教学的地位和作用

一、文化教学概念的内涵

文化教学概念起源于人们对语言功能认识和语言与文化关系研究的更新，同时受到美国、英国、德国等国新教学理念和方法的积极借鉴和引进的影响。

20 世纪 80 年代起，在中国，英语教育经历了一次全新的改革，这次改革涉及了教育思想、观念、内容和方法的调整，旨在全面提升英语教育的质量。这些改变对我国英语教学的发展具有重要的推动作用。可以说，该理念的提出和应用，标志着我国英语教学正朝着现代化的方向发展，这是从传统到现代的转变，同时也是对本质的重新认识和回归。

回顾我国英语教学的实践和理论，可以看出，教学主要集中在语言知识方面，包括词汇分析、语法讲解和句型操练等内容。这些教学重点强调语言的“内功”，但却忽视了语言外部或非语言的“外功”，即并没有给予交际文化因素足够的重视。这可能是因为人们长期以来被“语言工具论”理论所影响，认为语言只是一种用来交流的工具，被人们用来交际。过于强调工具的观念容易使人陷入工具主义的思维模式，使人们过分关注语言系统本身，即工具，而忽视语言与外部环境的相互作用和言语互动的生成机制。逐渐地，人们习惯于将语言当作一种工具来传递知识，多进行语言内部结构的相关研究，但很少有人深入探究语言与文化之间的联系问题，这是超越纯语言范畴的研究。随着 20 世纪 80 年代中期国际文化研究的兴起和新兴交叉学科，如社会语言学、认知语言学、英语跨文化交际学和汉语文化语言学的发展，语言和文化的关系以及与文化教学的联系问题受到了越来越多的关注。因此，人们逐渐意识到，纯粹传授语言知识的英语教学是远远不够的，甚至是有害的。为了达到现代教育的目标，语言教学必须与相应的文化教育融为一体。

那么，文化教学的深层含义是什么？这一问题的回答因时间和学科不同而存在差异。根据时间顺序来看，之前所提到的文化教学是指英语授课中设立的课程，目的在于增加学生的知识储备，包含所学语言国家的社会背景和文化内涵。20 世纪 90 年代开始，文化教育的定义发生了变化，它开始与语言教育相融合，意味着人们要教授相关的语言文化背景知识。

从不同学科的界说和具体实践来看，汉语文化语言学将文化教学定位在两个方面：一是专设的中国文化课程，如中国文学、中国哲学、中国文明史、中国概况等；二是指与汉语教学同步进行的相关中国文化尤其是汉语言文化的教学内容及教学过程和方法。

英语跨文化交际学所指的文化教学，据胡文仲先生归纳主要涵盖以下四个方面的内容：在教语言（语音、语法、词汇、篇章文体）的同时结合语境和文化背景、文化内涵，分析学生由于文化因素干扰造成的语言错误，从而提高学生对文化的敏感度，使他们认识到交际绝不只是掌握语言形式所能解决的；开设所学语言国家的历史、文学、概况等课程，系统地传授知识文化；开设语用学、语言国情学、语言与文化、跨文化交际学等课程，从理论上增强学生的跨文化交际意识的能力。①

可以看出，跨文化交际学和汉语文化语言学在文化教学方面的概念和内核基本相似，只是跨文化交际学对文化教育的内容做了更广泛的拓展，包括与语言相关的文化知识，交际领域言语行为文化背景在交流场景中的重要性，设计特定的

① 任文林，张雪娜，郑伟红．新时期高校大学英语教学研究[M]．成都：电子科技大学出版社，2017.

文化知识课程，以及设立与语言和文化有关的专业课程等方面。

根据以上内容可以推断，文化教学的概念和内涵涵盖了广义和狭义两个方面。笔者认为，在英语教学中，更适宜将文化教学的概念和内涵严格限定在其狭义范围内，以满足实际需求。这归因于以下几点因素。

第一，要探讨的文化教学针对的是传统的语言教学方式存在的缺陷和潜在的危害，它们是同一整体两个不同的方面。

第二，应该将文化教学视作语言教学的重要组成部分，而非独立于语言教学之外的体系。文化教学和语言教学具有相同的语言材料和教学方法。如果英语教学忽略了语言教学的本体，那么文化教学就会失去意义，也不可能建立起独立的文化教学体系。

第三，文化教学是指将所学语言国的文化知识和背景信息、该民族的思维方式以及中西文化的差异等内容融入英语教学的语言教学过程中，同时使用相应的教学形式和方法，以达到更好的教学效果。此外，还包括设立涉及语言文化学的专业课程，以促进语言教学的发展。

二、文化教学在英语教学中的地位

通过对我国英语教学历史的简要回顾和文化教学概念内涵的分析，可以清楚地看到英语教学引入文化因素以更新传统教学内容和教学方法的必要性，以及把文化教学作为英语教学组成部分的可能性。那么，从理论与实践的结合看，文化教学在英语教学中究竟应占有什么样的地位呢？这是我们必须认清而又应当作出明确回答的问题。

（一）文化教学可作为英语教学的基本原则

在过去相当长的时期里，我国的英语教学主要注重于简单的语言知识、技巧和熟练程度的培养，教学以词语结构和句型为核心，这导致学生们学习的知识更多的只是表面的、没有联系的。这与英语教学的目标背道而驰。在英语教学中，培养学生实际运用语言的能力是至关重要的。跨越不同文化进行交流所需要的能力被称为跨文化交际能力，要学会这种能力，就需要将社会文化能力或文化理解能力纳入基本培养的内容中。因此，文化教学的目的是让学生掌握社会文化技能或理解能力。它强调的是语言学习的多方面性，包括语言知识的广度和与文化、国情的关系，同时还要注重语言学习的深度，传授学生其中蕴含的丰富的民族文化信息。在英语教学中，向学生传授与语言相关的文化知识，已被证明是一种既重要又有效的教学方式和原则。遵循这个原则，可以有效地弥补传统外语教学课程的不足，有助于提高学生对语言的掌握及运用能力。

（二）文化教学可作为英语教学的有效手段

英语教学旨在在传授基础语言知识的基础上，提升学生的语言技巧和能力。教师需要将文化融入语言教学中，以帮助学生更好地掌握语言，并提升其跨文化交流的能力。此外，还需要完成与英语教学相关的教育和文化任务。融合文化教学和语言教学可以成为有效实现该目标的途径。传统的英语学习方法常常将英语仅仅看作一种与母语不同的符号，只注重传授基本的语言知识和技能，很少注重提升学生的文化适应能力，并且缺乏具体的教育和培养目标。应该强调语言在社会文化方面的作用，文化教育旨在挖掘语言中包含的民族文化信息，它不仅教授语言，而是将语言教育与文化知识、文化习俗、语言表达能力和该语言民族所积累的文化财富有机地结合起来。这样一来，学生在学习语言的同时，也会接触并学习英语的文化，从而能够更好地实现英语教学的教育目标。

（三）文化教学可作为英语教学的重要内容

传统的英语教学把教学内容基本上分为听、说、读、写四个大的方面，当然，这是学习语言要掌握的四大技能，是学习任何一种语言都离不开的，这对着力于打好语言基本功的英语教学来说，是教学的中心任务。但是，仅有这些是否就够了呢？回答应该是否定的。上面已经谈到，这四大要素只不过是语言学习的几大部分而不是整体，文化知识也应作为英语学得与习得过程中的重要内容。当然，英语教学是否需要把语言中包含的文化知识作为一门单独的学科进行教学还值得研究。但笔者认为，至少可以将其作为教学中的一项重要内容给学生进行传授。因为我国几十年的英语教学实践已经证明，语言离不开一定的文化，语言教学不讲授文化知识是不全面的。

（四）文化教学可作为英语教学最主要的方法

人们曾把英语教学的实质界说为“交际”或“文化适应”。那么毫无疑问，施行以“交际”为实质的英语教学，行之有效的方法应该是采用跨文化交际教学法。该交际法的核心特征是“信息转换”，即体现为“语言”“使用”和“文化”三个过程。开展文化教学就是实现该三个过程的最主要的方法之一。英语教学中的文化教学区别于其他语言学科的一个显著标志，就是它同时兼有语言学、文化学和教育学的性质。从这点上讲，笔者可以对文化教学做如下简要结论。

①英语教学，不但要使学生掌握英语语言知识，还要使其懂得用英语进行交际所需的各种文化背景知识。

②英语教学，不但要使学生学会英语的语言规范和言语行为准则，还要使其学会交际所需要的非言语规范和非言语准则。

③英语教学，不但要进行语言教学，还要进行相应的文化移入，后者为前者服务，以保障学生跨文化交际的正确理解和表达。

④英语教学，不但有母语的干扰作用，且有母语文化的干扰作用，只注意前者而忽视后者，便会造成跨文化交际中的文化负迁移。

⑤英语教学中，母语文化的干扰作用是可以通过问话比较的方法加以预防和克服的。

⑥从事英语教学的教师应当同时具有较高的母语与所教英语的文化素养，教学过程中的文化意识及文化比较意识也是施行文化教学的必要条件。

⑦文化教学要结合所教授语言知识的内容进行，并用英语作为教授工具。

三、文化教学在英语教学中的作用

以上分析了文化教学在英语教学中应有的地位问题，如果教师能在教学中积极主动地进行文化教学，那么通过教学双方共同的努力，就可以对学习主体的学生以及教学结果产生双重效应。这是文化教学在英语教学中发挥应有作用的前提。

（一）文化教学可以激发学生的学习兴趣

在英语教学中，要有一种动力，这种动力来源于对语言教学的兴趣。在这一问题上，古今中外许多教育家都提出了许多精辟的观点。然而，在我国的传统英语教育中，这一概念却没有得到足够的重视，也没有得到很好的应用，这一现象无论在课堂还是教材中都有体现。心理学的基本原理是，兴趣是最好的教师，它能激发学生的学习动机。在英语教学中，西式的异国文化能够激发学生的好奇心，激发他们的学习积极性。因此，本书提出了一种新颖的、有针对性的文化教学方法。因为教学活动已经不再仅仅停留在词形变化、遣词造句、语法结构等纯语言知识的范畴，而要与教授语言中的文化背景知识同步展开，这就使得原本的枯燥、单调的教学内容和形式变得更加生动有趣，这样才能激发出教师教导的积极性和创造性，教师更加积极主动地传授知识并富有创造性地授课。

（二）文化教学可以优化学生的知识结构

在文化教学中，通常会利用所掌握的语言来向学生介绍相关的文化知识。通过学习语言，学生可以增强自己的知识结构，了解所学语言国家的人文、地理、历史、政治、经济、教育、文化、社会制度、生活方式、风俗习惯、社会传统、民族心理、伦理道德、行为规范和传统观念等方面的信息。由此可知，文化教学就是对英语学科全面、综合、深入地分析和观察，旨在完善学生的知识结构。

（三）文化教学可以优化学生的能力结构

文化教学旨在探究英语教学中的交际文化因素，使其融入语法、思维、语用等方面的交际技能中，也包括身体语言、社交礼仪、交际环境、交际方式和态度等非语言文化知识，这样有助于培养学生的跨文化交流能力。特别是在语用文化因素被引入后，学生就能在解决表达内容的问题后，更进一步地增强其实际运用语言的能力，避免和纠正社交语用错误，即在未能充分了解对话双方的文化背景差异的情况下，选择不适当的语言形式而导致的失误，有助于更准确地表达和交流。除此之外，文化教育还能够提升语言行为的准确性，对选择交际方式、优化话语结构和提高个人语言能力等方面都具有积极的直接影响。这方面的实例无数，如以英语中广泛使用的 please 一词的用法问题为例。通常人们认为，please 就是中文里的“请”。但在英语中想要让别人先进门或先上车时，通常不需要使用“请”这个词，而是说“after you”。在用餐或饮酒时，也不需要使用“please”，而是使用“Help yourself to something.”的说法，意思是请随意享用。

（四）文化教学可以提高学生的社会文化能力

社会文化能力是指理解语言所反映内容的综合能力，这需要深入了解语言背后的知识背景、社会文化背景等，因此它是背景知识的一部分。在英语教学中，常常听到学生表达这样的意思：我理解英语口语有困难，我的英语文章读得很差，我无法专心，记不住单词，等等。其实，能否读懂一段文字，能否读懂一篇文章，能否背懂所学英语词汇，并不完全取决于学生听、读、记忆的能力与技巧。除了以上的技巧，还有一个至关重要的因素，就是对文化的了解，也就是对社会文化的了解。因此，笔者认为，文化教学的根本目的在于培养学生的文化理解能力。

换个角度看，英语教学的目标之一是让学生具备跨文化交流的能力，而了解不同文化背景本身也是一种与人交流的能力。因此，要想具备跨文化交际的能力，就必须先培养文化理解能力，因为后者是前者建立的基础。

第二节　语言教学与文化教学的关系

英语教学中语言教学与文化教学之间的关系，一直是近几十年来我国英语学术界和教学界十分关注的重要问题，争论也比较激烈。一方面，否定者不承认文化教学的提法，赞同者赞成正确区分两者关系，过激者夸大文化教学的作用；另一方面，尽管多数人对文化教学之必要性已有相当共识，认识到语言与文化密不可分，文化因素在语言教学中无处不在，以及语言能力与文化能力需要单独对待、分别培养等，但实际教学中或许是受传统和习惯的影响，忽视语言及语言使用中文化因素的还大有人在，或是走向极端，将英语教学干脆变成了文化教学等。凡此种种，都说明语言教学与文化教学关系的问题值得从理论上作进一步的探讨，更值得从理论与实践的结合上进行更加深入的研究。

一、语言教学与文化教学的地位

在探讨语言教学与文化教学的关系时，首先需要解决如何定义英语教学的基本性质和特征的问题。毋庸置疑，英语教学是一个独立的学科，它在教学方式、内容和目标上都具有与其他教育学科相同的和不同的特征。首先，它涉及语言教学，具备与其他各类语言教学相似的共同特性。其次，它是第二语言教学，因此具有与母语教学迥然不同的性质和特征，其中包括跨文化的属性和由跨文化而产生的各种区别。这导致了英语教学具有性质双重性、特征双重性和过程三重性等特征。性质双重性即为上述的语言教学的普遍性和非母语教学的特殊性；特征双重性则体现为既有母语干扰同时又有母语文化干扰的双重因素；过程的三重性表现为在重构语言规则系统的同时，还要重构语言使用规则系统和文化规则系统，即同时实现语言、使用、文化的三个过程。这便是笔者对英语教学本质及特征最基本的认识，也是深入讨论语言教学与英语教学相互关系的立足点。

在此基础上可以更好地理解英语教学过程中语言与文化的关系，从而更好地解决这一问题。很明显，在英语教学中，语言教学是首要的，因为它具备了普通语言教学所应该具备的基本特征：以语言教学为内容，以语言教学为手段，以了解这种语言的老师为教授者，以学习这种语言的学生为目标的学习者。因此，本书认为，在英语教学中，语言教学是“本体论”。本体性意味着本质的、不可动摇的第一位性，不仅是教学的永恒基点，也是教学的永恒主题，而且是教学的起点和终点。脱离了这一本体论，英语教学便无从谈起。但是，文化教学是英语教学中的一种特殊方式，它并不具备任何一种语言教学所具备的共性和规律性，所以，在英语教学过程中，文化教学作为一种“辅助性”或“从属性”的内容存在。辅助性，是指并不具有本质和主导的地位，其实施最终是为了实现语言教学的根本目标。其特性决定了文化教学在语言教学中的地位，决定了其在语言教学中的作用，决定了其作用的范围，决定了其在语言教学中所处的特殊“区域”。明确了英语教学的本质与内涵，才能真正有效地解决“文化缺陷症”“泛文化症”问题。

二、语言教学与文化教学的相互关系

人们对语言教学和文化教学做出了基本定位，即本体性和辅助性。在英语教学中，语言教学和文化教学是两种具有不同性质和特征但同时共存的教学方法，它们之间存在着紧密的相互关系。许多研究和实践都表明，它们之间呈现出同步性、互补性与兼容性的特征。

同步性指的是语言教学和文化教学相互照应，同时进行。具体来说，就是在进行第二语言教学的同时，进行第二文化教学。另外，语言学习和文化学习的机制通常是相互协调和集成的。换句话说，在学习第二语言的同时，还涵盖并学习了该语言所携带的文化因素。当然，语言教学必须伴随着相应的文化教学才能实现有效的教学结果。据一些学者的研究，学习第二语言时可能会形成一种限制自我的范围，也就是所谓的“自我疆界”。因此，学习第二种文化的主要目的在于扩展或消除这种自我疆界，以便更好地融入目标文化，消除文化交往时可能产生的障碍，从而达成移情的理想状态，获得新的自我认同。可以发现，只有通过同时学习第二语言和第二文化，才能获得这个新的认同。

互补性的含义是，语言教学和文化教学彼此关联、相互补充。如果没有语言教学，文化教学就无法维持其存在的物质基础。如果语言教学脱离文化教学，就会出现语言学习的“营养不良”状况，表现出“体形消瘦”和“缺乏力气”。教学内容枯燥，不能引起学生的学习兴趣，从能力培养的角度来看，仅传授语言知识而不注重文化知识的教学，培养出的学生虽然具备了语言能力，但缺乏真正的跨文化交际能力。语言教学和文化教学是互相支持、互为基础的。语言教学是文化教学的必要条件，而文化教学则可以反过来促进语言教学，让语言教学更有深度和广度，从而大幅提升语言教学的质量。

在教学过程中，为了实现教学目标，语言教学和文化教学必须紧密相连，使二者相互补充和增强，达到“有机化合”的状态，这就是兼容性的含义。根据现代教育理念，英语的教学应该结合其所属国家的文化，只有将语言和文化教学相结合或在语言教学中融入文化教学，才能实现真正的完整教学，否则将是缺乏完整性或不充分的教学。这是从教育观念的角度来阐述的。此外，考虑到语言和文化之间密不可分的内在联系，融合是不可避免的。人为地分割语言和文化将违反它们之间本质的关系，并违背语言教学的规则。言语是符号的文化，也是文化的一种表现形式，而文化则是包括了符号文化的“人化”。它们之间存在相互依存的关系，彼此融合、互相制约、不可分割。

三、制约语言教学与文化教学相结合的因素

要使英语教学过程中语言教学与文化教学有机结合，仅有主观认识上的到位是不够的，更重要的是还应有必要的物质上的支撑。它离不开作为物质的语言文化和作为催化剂的教师的支撑。

实践证明，制约语言教学与文化教学有机结合的因素很多。但其中最主要的有三个：一是要有相应的“硬件”保障（此处的“硬件”指物质条件，主要指作为教学依据的语言教学材料，即如何给英语教学提供一套既适合语言教学又适合

文化教学的综合性教材）；二是教师的跨文化交流素养；三是要正确处理好语言教学和文化教学二者之间的关系。

（一）缺乏一套适合文化教学的教材

从我国现行的几套主要英语教材来看，尽管在编审过程中已经考虑了语言文化材料的选择和增加语言文化知识等问题，例如选取具有代表性的语言文化课文，并在课文后提供文化背景注释以增强语言材料的交际性和实用性，但总体来看，它们在揭示和体现语言的文化内容方面还有欠缺：首先是没有明确语言文化知识的最低要求，在材料选取时过于注重难易度和语法项目的安排；其次是并未明确规定和要求对语言文化知识的掌握，仅将其作为教学的辅助工具；再次是语言文化注释的范围太窄，涉及的内容也较为简单，仅限于专业术语和惯用语等；最后是缺少针对语言文化知识的专项或综合练习等，需要予以完善。结合以上四个方面的分析，可以得出结论：现有的教材总体设计仍然遵循传统的“知识性语言教材”思路，而未采用新思路——“交际性语言文化教材”。基于这些教材所呈现的教学内容、涵盖的范围和教学层次，可以看出在文化展示方面存在着几个共同的缺陷。

1. 缺乏系统性

首先，教材中对语言文化知识的介绍缺乏统一性。其次，教材中的语言文化内容没有按照教学阶段进行设置，而是分散地出现在不同的教材中，这使教师难以把握文化介绍的范围、“量”和“度”。最后是没有涵盖跨文化交流中最常见的文化误解和文化冲突，因为它没有考虑到人与人之间最基本的交际方式。

2. 缺乏层次性

在语言教材中体现文化内容，应当充分考虑到英语教学的层次。按照大纲的要求，基础阶段教学的中心任务应该是打好语言基本功；介绍文化应主要集中在语言的和非语言的浅层文化的范围内；提高阶段应转入以语言交际能力为主的培养。

3. 缺乏准确性

有些教材忽视了交际文化背景这一重要的语言文化内容，而只侧重于介绍纯粹的国情知识，比如某城市的历史、人文地理和社会发展等方面。这种做法可能导致部分相关的语言文化知识缺失。在向学生介绍语言和语言使用中的文化内涵及文化意义时，应注重语言的文化背景知识，并确保语言介绍或注释准确无误，以保持文字意思不变。

以上是就总体情况而言的，实际上每套教材的具体情况各不相同，有的选材较好，所选语言教材中含有大量语言文化信息，因而便于语言文化教学；有的选材本身就存在问题，难以按文化背景原则显示其文化内涵。所以，一套好的教材十分重要。

（二）教师的跨文化交流素养和意识需要加强

显然，仅仅有语言材料，但不能运用相应的教学方法，且教师缺乏应有的文化素养和文化洞察力，也是很难将语言教学与文化教学有机结合到一起的。

课堂教学一直是学生学习英语的主要方式。随着社会对外语能力的需求不断增加，外语教师的角色日益重要，需要在语言教学和文化传承方面承担更多责任。在英语教育中加强文化教育，需要教师具备扎实的语言基础，同时也需要具备较高的英汉文化素养和跨文化意识。在教学中应该将这些文化和意识的知识传授给学生，使他们能够理解并融入自己的思维中，并将其运用于语言表达。这种英语教学要求教师具备更高水平的素质。因此，英语教师需要持续提升专业知识，提高对中西文化的全面认知，增强跨文化交流意识，从而能够承担英语教学中重要的文化教育角色。

（三）未能正确处理语言教学与文化教学的关系

正确处理好语言教学与文化教学的关系，同样也是做好英语教学的必备条件之一。对此，最重要的是摆正它们各自的位置，既不可用语言教学来替代文化教学，犯“文化缺乏症”；也不可本末倒置，以文化教学来冲击语言教学，犯“泛文化症”。就此笔者想强调以下两点：一是英语教学中，语言教学过去是、现在是、将来也必定是最主要的一环，但同时还应该有背景知识的文化教学，两者不可偏废；二是英语教学中，人们往往习惯于重视显性的语言，而忽视隐性的文化，因而若重强调文化教学的重要性，在一定的阶段是对的，也是必要的，但必须要有个“度”，任何时候都不能过了头。另外，要正确处理好语言教学与文化教学的关系，还需要从宏观出发，真正从理论上认清语言与文化、语言能力与跨文化交际能力，以及英语学科与其他有关学科之间的关系。唯有这样，方能高屋建瓴，语言与文化教学才能真正合二为一，齐头并进。

四、英语教学中跨文化交际意识的培养

在英语教学中，培养跨文化意识是非常重要的，因为它可以帮助教师正确地处理语言教学和文化教学之间的关系，它对于英语教学的重要性和必要性是不容忽视的。长期以来，我国的英语教学存在一种倾向，即过分注重语言形式而忽视了文化因素的影响。这一现象在教学的每一个方面都普遍存在，使得相当数量的教师陷入了僵化的思维模式和教学方式中。他们过于注重学生对语言形式的掌握和使用，而忽视了跨文化背景下学生语用能力和行为能力的发展。20 世纪 80 年代中期以来，我国英语教学界逐渐引入大量新理论、新概念，并开始采用新的语言学理论来辅助教学。这些进步使得教师认识到并且也更重视在英语教学过程中进行文化教学的重要性和必要性，这是一次质的飞跃。尽管教师的认识增加了，但这并不意味着教师已经具备了相应领域所需要的素质。培养学生跨文化交际能力和注重英语教学中的文化因素，并非只依靠学生“有意识”或“有意注意”即可达成。实现这一目标需要解决如何将学生的跨文化交际意识提升至“无意识”或“无意注意”的高度。要想有效地培养跨文化交际意识，需要依据现代语言文化学理论的基本观点来指导教学，同时确保教学内容、教学方式和教学过程与培养目标的要求相符。毫无疑问，这是英语教师面临的一个重要问题。

建立一种新的理念，即培养人们跨文化交际的意识，这是现代英语教育的目标之一。要达到培养高素质英语人才的目标，显然需要借助全新的教学内容、教学方式和教育理念，否则这一目标将只是空洞的口号。要培养师生的跨文化沟通意识，有以下几个方面需要重点考虑。

（一）师生双主体意识的培养

英语教学是双向交流的过程，涉及教师和学生之间的交流。只有二者之间有良好的交流，才能有效地达到教学目的。如果只重视教师一方或学生一方，就难以实现有效的教学。针对跨文化交际的要求，需要注意以下几个方面的内容：在培养跨文化交际意识方面，以往往往只注重教师在教学中的主导作用，而忽略了学生发挥积极性和创造性的重要性。但实际上，这种做法并没有带来任何好处，

反倒是带来了很多坏处。因此，可以说跨文化交际意识应是双向意识，教师必须具备这种意识，同时学生也应该具备。这种方法可以让教师同时担任语言和文化教师的角色，满足学生在语言和文化方面的学习需求。

（二）交际意识的培养

语言最根本的功能是交流，而在英语教学中，交际是教学的核心体现。如果忽略了交际在跨文化交际中的重要性，英语教学就没有意义了。如果在英语教学中，教师和学生没有很强烈的沟通意识，那么教学的效果就会大大减弱，这将影响学生跨文化交流能力的提升和形成。在教学方面，就教学内容及形式而言，有时候会不自觉地继续使用之前的方法、方式，只注重教授口语技能和语言形式，而缺乏对学生跨文化背景下语言综合运用能力的培养。所以，优先发展人际交往意识是重要且首要的任务。

（三）文化对比意识的培养

文化对比意识是指比较目标语言和母语之间以及目标语文化和母语文化之间的差异。只有通过对比，才能发现差异，然后有针对性地进行语言和文化知识的教学。除了表面形式的对比，还需要进行深层次的内在含义对比。除了比较语言，还需要进行跨语言的比较。除了需要比较语言和非语言形式与意义，还应该比较言语交际行为的形式和含义。比较的目的在于寻找差异和相似之处，以便促进跨文化交流。

（四）对文化敏锐的洞察力

在言语或言语运用中，有许多文化元素的存在，部分是显性的，但更多的是隐性的且处于更深层次的文化背景知识。如果对语言中所蕴含的深刻的文化含义没有充分理解，那么在教学过程中就很难揭示出来。必须对文化方面的问题保持高度警觉，尤其是对一些文化相关现象的洞察，不能被外表相似而含义不同的表象所迷惑。另外，要正确分辨教学中的知识文化和交际文化，以便在进行交际文化教学时能有目的地进行教学。当然，师生是否具备洞察意识还要考虑他们各自的文化素养水平。因此，只有通过努力提高自己的文化素养，特别是涉及两种语言和文化方面的知识素养，才能确保具备洞察力。

（五）文化鉴别能力

文化鉴别有两个要点：一是排除虚假，留下真实；二是剔除无用，保留精华。在文化的众多元素中，去除掉虚伪、表面的内容，保留真实、典型的内容，这就是去伪存真。换句话说，在考虑交际文化因素时，应该选择那些能准确反映所学语言国家现实的材料，并保持真实和典型性，而避免使用虚假、孤立或只属于个别现象的材料。在文化筛选过程中，去除负面的无用的部分，保留积极的精华部分，即去粗取精。这对我们来说具有关键作用。语言不仅仅是用来交流和传递文化信息的工具，还有一种独特的教育和养育作用，必须保持警觉，不能盲目地复制粘贴；面对西方文化，需要具备足够的辨别力。

（六）存我意识

在西方语言教学领域曾经盛行一种说法：学习了英语会使人蜕变成一个全新的自己。这表明一种情况：在英语教学中普遍存在“文化化”现象，即无意或有意地运用目标语文化的思维方式和表达方式来规范自己的言语行为。这是由于学习英语需要持续不断地了解那些生活在不同文化环境中的人。当然，从语言学习方面看这样是正确的并且符合英语教学的目标，但是如果从文化方面来看，这种说法就不一定适合了。盲目追求目标语文化而失去自身的文化认同，绝非正常现象。虽然跨文化交际是语言与文化的双向交流，但是如果忽略“我”文化的存在参与交流，交流就会变成单向的文化输出。因此，在英语教学中保留自身文化的特色是非常关键的，不需要牺牲自己的文化来追求目标语言的文化。在这个领域，教师需要正确引导学生，培养他们的身份认同感。

第三节　文化教学在英语教学中的实施

在大学英语教学中，语言交际中的文化意识的培养以及非语言交际中文化意识的培养极为重要。

用语言进行交流是人类独有的一种方式，称为语言交际。语言交际的本质是将语言活用于实际交流的过程。交际能否顺利进行直接取决于语言运用水平的高低。尽管大学英语教学使学生相当熟练地使用了一定数量的词汇和基本语法规则，但由于对英语文化知识的了解不够，学生在交际中常常因文化差异而导致交际不畅，出现误解甚至冲突，从而严重影响了交际效果。因此，教师应该在教学中注重培养学生的文化意识，包括词汇、句子、篇章、日常用语等方面的培养。非语言交际是指除语言行为外，所有其他形式的交际行为。

在人类交际活动中，非语言交际的重要性是不容忽视的。根据大多数研究专家的观点，直接交流时，仅有约 35% 的信息是靠语言交流实现的，而剩余的信息则是通过非语言交流的方式传递的。在人类的交流过程中，语言和非语言相互结合，从而形成了一种完整的交流模式。非语言交际行为是一种社会共同的习惯，由长期的历史和文化积淀而成，并在代代相传和后天习得的过程中形成。文化相似的人在交流中，能够流畅运用该体系。在不同文化背景下，非语言交际行为存在差异，各具特色。当来自不同文化背景的人交流时，他们可能会在意识不到的情况下将自己的文化准则应用到非语言行为中，这可能引发交流难题。因此，英语教师应比较两种文化之间的非语言交际行为差异，以便帮助学生成功进行跨文化非语言交际。

一、文化教学的导入原则

英语教学实施文化导入需要遵循一定的原则，具体原则如下。

（一）交际性原则

要与以英语为母语的外籍人士或以英语为第二语言的人士交流，至少需要涉及两种文化。双方在使用英语交流时，他们可能会将自己的母语文化带入对话中，这可能会与英语文化产生一些冲突或误解。为了避免不愉快的情况，应该保持有效的沟通，并且在学习英语的同时，了解一些英语国家的文化知识。这样一来，在实际交流时，就会更加聪明、灵活地运用这些知识，从而更好地沟通。在英语教学中，教师应注意培养学生对文化知识的应用能力，使其能够将这些知识用于实际的交际场合中，实现学以致用、学用结合的目标。

（二）阶段性原则

阶段性原则强调根据学生的年龄和认知能力，以及语言水平和接受能力，逐步引入目标语文化内容。这种引入方式应当采用由浅入深、由简到繁、由现象到本质的循序渐进的方法，以逐步进行文化内容的扩展和深化。

在英语教学的初期，需要让学生对英语国家的文化及其与本国文化之间的异同有一个基本的了解。在教学过程中，教师需要引入涉及英语国家文化的知识，并且要紧密结合学生的日常生活，让他们对英语的学习感兴趣。为了提高学生的跨文化交际能力，在英语学习的较高级阶段，应该扩大学生接触异国文化的范围，这有助于学生开阔视野，增强对中外文化差异的敏感度和鉴别能力。

（三）整合性原则

教师在选择英语文化教学内容时，应该综合考虑学生的学习阶段和其他学科的内容，打破学科的限制，让英语教学具有灵活性和开放性。同时应该有意识地计划和整合文化教学内容，让其与其他学科相互衔接。

随着现代教育技术的不断发展，教学方式变得更加多样化，同时，教师也能够将文化教学内容与现代教育技术相结合。教师有三种方法可以为学生提供学习文化内容的途径，分别是视觉、听觉和触觉。这三种方法可以满足学生的不同学习方式。教师可以将实物、电影、录像、录音、CD、电视节目、因特网网页、访谈、报纸杂志、文学作品、插图、照片及歌曲等素材加以利用，制作成适合教学使用的资源。

（四）系统性原则

学习文化有助于人们更加熟练地使用语言。文化是一个综合体，教师在教学时需要综合考虑文化要素的共性和差异，以此来帮助学生全面理解英语文化的各个方面，不仅仅是语言本身。这样的教学方法可以使学生在学习语言的同时，对英语文化的各个方面有一个更加全面和深入的认识。教师的任务不仅是让学生了解树木，更要帮助他们认识森林。只有全面了解目的语文化的各个方面，学生才能在认知、情感和行为等三个层面上提升跨文化交际的能力。

当教师对英语语言的教学进行一学年或一学期的总体规划时，也需要考虑对目标语言文化的教学，进行分年级、重点突出、有针对性的实施。这样做的目的是让文化教学更具系统性和连贯性。

（五）实用性原则

学习语言的关键是要和人们的生活实际相结合，因为学习语言是和学习能力紧密相连的。实用性原则是指教师所教的文化知识要与学生所学的语言有关，要包括日常沟通的基本内容，而且要符合学生将来工作的特点。把文化教学和语言交际实践相结合可以激发学生的学习热情，让他们更加深入地理解语言与文化之间的联系，而不会觉得概念抽象、脱离实际。

（六）适合性原则

教学的内容和方法需要适度掌控。应该对主流文化的内容进行深入解读，把共识文化放在重要位置，同时，适当引入历史知识，以促进学生对某些文化传统和习俗的深入理解。在教学方面，适度的方法应该平衡教师教学和学生自学之间的关系。教师应该扮演学生课外文化内容学习的组织者和指导者角色，通过鼓励学生进行大量的课外阅读和实践，来增加他们的文化知识储备。

二、文化教学的教学策略

在大学英语文化教学中，有了一种隐性的文化学习路径，即将文化元素融入语言学习中，通过间接、分散的方式进行文化学习。在大学英语教学中，难以专门设置课程来探讨文化，例如“英美概况”。因此，更适合采用散布在语言学习中的隐性的文化学习方式。以下是实施大学英语文化教学的几种具体途径：

（一）树立正确的文化观

时代呼唤着跨文化教育的实行。在进行跨文化交流和培养跨文化意识之前，人们需要意识到自己的文化与其他文化之间是相互关联的，这种关系对于人们的生存非常重要。在教学过程中不仅需要让学生认识英美文化，还需引导学生保留汉民族文化并丰富其内涵，培养其开放心态与反思意识，以及要平等地看待不同文化。华夏文化和英美文化各有其合理性，二者并无高下之分，它们仅仅是文化呈现和表达的两种不同形式。因此，在教授英美文化的同时，需要引导学生关注本国文化的独特性，并加强母语文化的学习，以便更全面地理解英汉两种语言所负载的不同文化内涵。

（二）比较中西思维方式

汉文化核心是“人性 + 感性”，而西方文化则以“知性 + 理性”为基础。这两种文化思维和心理模式的不同，直接导致了它们在世界观和价值观上存在着显著差异。教师应该引导学生认识到思维和语言之间的相关性，了解中西方思维方式的异同，以免因为认知不同而出现沟通障碍。教师可以通过分析具体案例和赏析文学片段的方式，来探讨中西方文化中的世界观、时间观、婚姻观和友谊观等专题，帮助学生在感受文化差异的同时，形成与目的语文化相符的心理认同，进而更准确地理解文化内涵。

（三）利用中西文化的耦合现象

不同的民族的文化之间可能会出现相同或相似的特点，这种现象被称为文化耦合现象。这些相似之处也会在语言中得到体现。因此，在英语和汉语之间，存在许多相同或类似的语言表达。例如：“披着羊皮的狼”，英语为 the wolf in sheep's clothing；“同舟共济”，英语为 in the same boat 这样的耦合现象不胜枚举。文化耦合可以促进英语学习者在学习英语时实现“正迁移”。

（四）挖掘教材的文化信息

考虑到大学英语初学者需要学习语言基础知识，但又受限于有限的学习时间等因素，笔者建议，文化教学的主要内容应该源自英语教材本身。近年来，随着社会对学生英语水平的要求不断提高，我国的教材开始使用一些真实的英语原文，也就是英美国家的原文语料。这些原汁原味的语料文化内涵非常丰富，很好地展示了英美文化的特色。这要求教师不仅要教会学生抓住文章的主题和学习语言知识以提高语言技能，还要引导学生去发现隐藏在文章中的文化信息，让学生在学习语言的同时扩展自己的文化视野。

（五）利用多媒体网络技术

如果想要精通一门语言，就需要亲身体验并沉浸在其语言环境中。通过多媒体技术，声音、文字、图片、图形、音频等多种信息能够巧妙地相互融合，呈现出生动形象的演示效果。互联网为我们提供了许多最新的信息，并提供了方便快捷的交流方式。这两个方面相互配合，成为了创造语言环境的最佳途径。使用 PowerPoint 设计文化教学课件可以帮助教师为学生提供丰富的语言和文化素材。教师能够利用互联网获取文化背景资料，并用旁白形式将其融入教学。这样，通过多种途径和维度的文化信息输入，学生可以更加直观地感受所学目的语的文化，并且运用所学的语言文化知识进行交流。

（六）遵循实用性原则

在大学英语教学中，教授文化背景知识应该具有实际应用性原则。这意味着应该将文化知识和语言知识结合在一起，并相互补充，使学生更好地理解并运用所学的语言知识。英语教学应该始终注重文化教育，将文化元素贯穿于各类教学中。在教学中，应该随时解释相关知识和交际文化，确保语言和文化知识的同步传授，从而创建一个完整的教学生态系统。

（七）改革现行教材

近年来，人们越来越强调英语教学应该以内容为中心，而不是仅以语言为中心。这说明编写教材需要更多地关注素质教育的要求。提升人们的审美和素养是素质教育的关键，而人文教育则是实现这一目标的核心。“以内容为中心”的含义是将文化教育放在核心位置，这里的“文化”被广泛地定义为各个民族所包含的文化精髓和文化多样性，是其主要考虑的方向。无论如何改革或更新教材，关键在于是否强调文化视角并且传授丰富的文化内涵，这对于提高个人的文化素养具有显著的益处。因此，这将成为衡量和评价教材的重要标准之一。只有遵循这些规范的英语教材，才能适应综合知识、技能和品质教育的全方位、立体化教学模式。

（八）提高英语师资水平

一旦掌握了一定程度的英语，学习者面临的主要难题已不是语言本身，而是他们对目的语和母语的社会文化知识了解的程度以及在此基础上形成的对两种文化差异的思考能力。同样的情况也出现在教师身上，为了在教学过程中有效地传授文化知识，教师需要不断提升自己的文化素质和鉴别能力，并将文化教育贯穿于课堂教学之中。在学习西方语言文化的同时，也必须了解并掌握本国的传统文化。只有深入了解自己和了解对方，才能在跨文化交流中展现中国学者应有的文化素养和独立人格，显示出作为华夏文明大国应具备的深厚文化底蕴，才能更加充分地发挥自己的独特智慧，应对中西文化之间的差异与碰撞。

三、文化教学的模式

为了有效地进行文化教学，需要寻找可行的教学策略或方案。实际上，根据认知规律，教师无法在授课时全面介绍每个语言项目的所有语用功能，这一点已经得到了证实。在目前我国的外语教学中，存在着一个不足之处，即教师容易陷入剖析细节的泥淖，试图一次性把所有内容都讲清楚，过于啰嗦。如在介绍新的语言项目时，通常采用逐个列举的方式，全面阐述其优势，同时提供大量词汇的详细解释。考试导向的教育和结构主义理论在推动负面影响方面更加明显。在教授交际学时，强调让学生掌握语言的实际运用能力。在不同语境下，具体的语言形式会发生变化。这种变化涉及许多社会要素，因此，教师需要逐步向学生演示并进行训练，以不断重复强化。只有这样，学生才能理解语义在不同语境中的变化，并逐步掌握不同的语言表达方式，使其语言能力得到提升。

对于文化教学模式的研究已渐成规模。目前，对于文化教学的模式，陈申的研究比较全面，陈申先生在《语言文化教学策略研究》一书中共总结了三种文化教学模式：首先，以“区域文化学”为代表的方案是一种以知识为基础的外加型文化教学方案；其次，以“交际教学”为旗帜的方案反映出一种以行为为重点的融合性语言文化教学方案；最后，以“跨文化交际”为标志的方案体现了一种以意义为中心的综合性文化教学方案

（一）地域文化学习兼并模式

将文化引入到教学当中是一次由“传统”向“科学”改革的重要尝试。早期的语法翻译法在外语教学中的效率越来越受到语言教学者和教学研究者的质疑。语言学和心理学的发展别开生面地为语言教学提供了科学的理论根据。人们开始意识到语言本身和语言的使用情景是不可分割的，形式和意义应当在语言的使用过程中同时学习。

人类学和社会学的发展也为文化教学开辟了新的方向。第二次世界大战期间，受人类学和社会学发展的影响，“地域学”在美国许多大学涌现出来。1940 年前后，西方工业国家的人类学家采用实地调查人种史的方法，对许多土著文化进行研究，得到许多惊人的发现。与此同时，社会学和社会心理学的进展速度也相当可观，其研究成果与人类学发现被一同应用到外语教学中的文化教学中。

兼并模式是一种具有划时代意义的语言学习方式，它使文化教学得以充分地向世界开放。从那以后，在设置外语课程时，一定要将与其有关的文化内容纳入考量，有目的有计划地让语言教学与文化教学相互补充，或者以跨学科的形式与外语教学相结合。在这种地域文化兼并模式指导下，“文化作为知识”是组织教学的基本原则，强调专注于使用目的语国家的相关文化的学习是这一模式的特点。

本模式在外语教学中至少具有两个重要意义：第一，在理论上确立了文化在外语教学中的作用；第二，在实际教学中积累了许多行之有效的策略，文化教学被正式赋予了合法地位。但是，本模式同时也面临着挑战，即文化教学并不一定要采用目的语来教学，在客观上文化教学和语言教学可以相对独立，自成体系。如此一来，外语教学中的文化教学就是“画蛇添足”的部分了。

（二）模拟交际实践融合模式

人们对交际的重视始于对布卢姆菲尔德的经典的结构主义语言学的质疑，首先是乔姆斯基提出了“转换生成语法”，以其为代表的语言革命彻底动摇了统治已久的结构主义语言学。人们意识到，结构主义过于教条，对于现实生活中的许多语法现象和语言应用无法作出解释，所以，结构主义过于强调语言的形式而忽略了语言的意义。这场语言革命开辟了探索创立语言教学法的新途径，为交际教学法的出现奠定了基础。

交际教学是在欧洲首先流行起来的，美国的“语言革命”对欧洲的语言教学产生了极大震动，如何发掘语言的功能和交际潜力成为语言学家们关注的焦点。欧洲共同体的形成也为交际教学在欧洲的发展推波助澜，20 世纪 60 年代中叶到 20 纪 70 年代初期，随着各国相互依赖的关系日益强化，欧洲共同体的协同经济发展使就业机会大大增加，一些国家出现技术人员或劳工缺乏的问题，便由吸引共同体内他国的移民来解决。怎样帮助移民劳工在新的文化环境中立足，在最短的时间内有效地掌握所在国的语言文化成为迫切需要解决的问题。于是在欧洲委员会的鼓励下，语言学家们开始研究一种语言学习系统。1972 年英国著名语言学家威尔金斯根据她对语言功能和语言交际的剖析，写出了影响深远的《意念大纲》，为外语教师提供了教学指导，使交际教学在欧洲开始盛行。

交际法虽然起源于欧洲，但很快就被北美和大洋洲的人们所接受，到了 20 世纪 70 年代已扩展到世界各地。

与兼并式教学法相比，交际法中的“文化部分”不再是明显的文化知识的介绍和讲解，与目的语相关的文化教学是通过让学习者模拟外国人在交际中使用目的语的方式来实施的，交际中目的文化主要表现为语言行为。“文化作为行为”的观念自始至终体现在教学过程中。

交际法强调了语言的社会功能，自然地将文化教学和语言教学联系到了一起。语言和文化通过交际行为的自然融合，解决了人们对兼并式教学法中为何文化不一定需要用目的语讲解的疑问。

（三）多元文化互动综合模式

冷战的结束和全球化的来临使世界进入了一个前所未有的发展阶段。建立一种和谐的国际关系是经济和政治发展的共同需要。全球化使世界各国的文化在一个大环境下产生鲜明的对比，一些经济强国依赖高科技和先进的媒体使自己的文化被更多的人所认识和认可。在新的历史条件下，各国都采取了一种“多元文化”的方针，在观念上、法律上都承认各国人民在文化上的平等地位。

在理论上，后结构主义的兴起为文化的多元性做出了解释。与结构主义相反，后结构主义哲学反对固定的模式，提倡摒弃框架的禁锢，认为世界是多元的，怀疑绝对真理的存在，从而促进人们思想上的解放。这种对传统和习俗的批判解除了它们对教和学的束缚，使多元共存成为西方教育改革的一个潮流。

另外，跨文化交际研究的发展也为这一文化教学模式提供了催化剂。虽然跨文化交际现象早在人类进行交际时就已存在，但是对跨文化交际的系统研究是在近几十年才渐成规模的。随着各国之间的交际渗透到各个领域，用跨学科研究的方法来处理不同文化之间的接触和互动的趋势正不断地深入和扩大。在西方的一些大学里，跨文化交际作为一门课程出现在教学计划中，大量的有关书籍、文章和研究成果相继出现，有力推动了语言文化教学的改革。

多文化交互式的一体化文化教学模式，是一种更能体现时代特征，更能满足经济全球化、文化多元化的要求。从时间层面来看，这一理论由对目标文化的关注转移到了对双元性文化的关注，同时，该模式兼取了兼并模式和融合模式的特点，既重视文化知识的学习，又强调交际行为的重要性。在教学过程中不求统一的框架和完整的系统，表现出高度的灵活性和综合性。

多元文化互动综合模式将培养学生解决问题的能力放在首位。这种以能力为本的教学将知识和行为有机地联系起来，反映出它们之间相辅相成的动态关系和发展机制。虽然该模式基于后结构主义理论，不强求统一的教学方法，但并不代表着这一模式的文化教学可以毫无规矩。不同的国家有不同的国情和发展计划，有针对性地选择目的文化，将之与本族文化进行精辟的对比和研究，在教师的引导下，增加师生之间的互动，使学生在学习知识的同时增强交际能力，才是这一模式的本质。

（四）文学教学模式

考虑到文化教育对学生跨文化交流能力的重要性，应认可文学能够帮助学生学习，增强他们的人文修养、文学鉴赏和语言表达能力。因此，文学教学旨在利用文学资源，全面提升学生的能力水平。英美文学和文化语言、人文素质是相互关联、相互促进的，二者共同形成了英语学习的有机整体，缺一不可。20 世纪 70 年代以来，各国教育发展趋势之一是重视人文教育，弘扬人文精神，提高人文素养。因此，如果不仅仅将英语视为一种语言工具，而是将其与人文知识相结合，那么英语学习的境界和层面就可以得到提高和升华。

1. 文学教学的地位和作用

文学作品是语言和言语的结合体，既包括文字和交往符号，也包含信息和交往形式。由于文学作品中使用的语言更加贴近真实生活，因此在教学中运用文学作品能够提升学生的兴趣和积极性。此外，文学作品还能为学生营造故事发生的环境，帮助他们更好地理解目标语言中的文化现象，从而提高其语言理解能力。

（1）激发学生的热情，培养他们自觉参与课堂活动的意识

教师可让学生分享与他们的个人经历和背景贴近的主题，分享自己的故事，之后再阅读文学作品，以此激发学生的积极性和参与度。使用此方法可以显著提高学习成效。学生可以在阅读文学作品的过程中接触到一系列新的语言现象，同时作品中的故事情节和悬念也能够吸引他们积极地参与各项教学活动。合理选择教材可以使学生更容易理解课堂内容，从而更好地将所学知识融入自己的生活中去，这样一来，学生便会更乐于积极参与到课堂活动中。

（2）提供目标语言的文化背景，使学生更好地了解多元文化

文学是一种表现民族优秀文化思想的方式，是人类非常宝贵的精神遗产。它也承担着文化传承的任务，能够反映人们的思想、情感和生活，因此文学是多元

文化的代表，它展示了一个民族的文化特色，其中涵盖了社会、政治、经济、生活习惯等方面的因素。阅读优秀的文学作品可以让学生快速了解英语国家的历史文化和社会习俗，以更深入的方式了解英美国家的思想演进历程、文化习俗及历史时期的社会变迁。学生可以通过文学作品了解目标语言的文化背景。当学生接触到文学作品时，便获得了一次文化之旅，从中接受着文化的熏陶。

优秀的文学作品是某个国家或民族的生命哲学、思想观念和文化价值观的综合反映。它可以深刻地揭示当时社会文化生活的某一方面或多方面。阅读文学作品不仅可以增长语言知识，还可深入了解当时当地的社会文化，提高学生对各类民族和国家文化的感知和理解能力。

（3）丰富学习语言的途径，促进批判性思维能力的形成

文学是语言和艺术的结合体，文学的语言属于经过高水平加工和提炼的语言，具有优雅、简明和深刻的特点，它具备图画般的表现力，是最佳的语言材料，适合学生学习和模仿。文学语言与生活语言有着密切的联系，它们都源于生活，并且反映着生活的各个方面。文学语言也有生活语言的特质，简单自然、通俗易懂，这使得文学作品很容易让学生理解和接受。

语言形式是文学作品表达内涵的载体，文学需要语言的支持才能存在。因此，英语文学的阅读不仅能够增加阅读体验，还可以有效提高英语语言水平。很多英语文学经典，尤其是文学名著，读者被这些作品吸引并非仅仅因为它们的故事情节动人，更因为它们美妙的语言具备了极强的艺术性。这样学生在阅读文学作品时也更容易陶醉其中，这种沉浸体验也会不知不觉地带来学习的效果。

学习英美文学著作中的修辞手法，包括引用、警句、隐喻、象征和双关语等，可以使学生更全面地了解英语及其民族的思维方式，并提高他们在英语理解和实际应用方面的能力。

因为英语文学名著所涵盖的内容、思想和文化非常庞杂繁复，所以在学生阅读和欣赏时，教师需要帮助学生领悟其中的核心精华，同时摒弃那些糟粕。为了深入理解经典著作，必须考虑它们所处的历史和文化背景。在教学过程中，教育者应指导学生采用全面、辩证的视角来看待这些著作。当然，教师还能在引导学生审视文化及思想观念时，提醒他们要避免盲从书中呈现的观点，而是要审慎评估并相应地提出问题，进行客观评价。此外，教师还要鼓励学生勇于挑战权威、

反对教条。

（4）凸显教育审美功能

教育有两个方面，从一维的科学知识层面来看，就是通过培养和熏陶使人从粗俗变为高雅，从无知变得“有知”。另一方面，人文教育的作用是激发和触发个体内在深处的意识和价值观，使之获得唤醒和提升。英语属于人文学科之一，而英语文学的教育则为人文精神的培养提供了广泛的渠道。约翰·克里斯托弗·弗里德里希·冯·席勒（Johann Christoph Friedrich von Schiller）是西方历史上最早将教育学和美学结合起来研究的学者，他的观点是通过美育可以充分发挥教育的审美功能，从而推动人类健康全面发展。

文学教学能够实现审美育人的功能。作家在作品中充分表达了丰富的情感含义。强烈的感情能够深深地触动读者的内心，激发他们内在的热情和激情，使他们对世界、人生和情感的感知更为敏锐。这种感受力是一个人发现和创造美的基础。

（5）提高学生的整体素质，促进英语教学

为了更好地教授英语，需要提升学生的综合素质，让他们融入英语语言环境并感受其文化氛围。同时，频繁地与英美人交流也是提高英语水平的最理想途径。学习英语语言和文化的最佳素材就是英美文学作品。将文学作品纳入英语教学中不仅能使学生的语言水平得到提升，还能够激发他们的创造力，培养他们欣赏和鉴赏文学作品的能力。鼓励学生分享他们对作品的想法和观点，可以帮助他们锻炼英语表达能力，并提高自信心，促进他们更自信地运用英语与他人交流。这种积极的经历有助于学生全面提高英语水平和素养。

在英语教学中，为学生创造一个真实的语言环境，可以显著提高学习效果。因为我国英语学习环境的欠缺，英美文学教学在此方面扮演了至关重要的角色，可以有效地填补这一缺陷，以满足跨文化交流技能的培养需求。文学作品带给人们一种自然、真实、轻松、愉悦和优美的语言氛围。在阅读时，读者不再局限于枯燥的单词和句式的记忆，而是沉浸于作者经过艺术处理和创作的世界中，关注故事情节，欣赏语言，融入作品创造的情境，真正与作者的想法感情相互作用。此外，这也有助于增强语言学习的效果。

2. 文学教学方法

（1）使用目标语言教学激发学生的积极性

采用目的语教学策略可以激发学生的积极性，让他们更加主动地掌握和运用英语，这也是英语教学的最终目标。因此，为了让学生能够逐渐“忘记”自己的母语，教师应该尽可能地营造出一种使用目的语的氛围和环境，让学生沉浸在英语环境中。文学课堂上，教师应该尽可能使用目的语解读作品，同时给学生提供简单的关键词语提示，并鼓励他们尽可能多地用目的语来表达。教师可以利用多媒体技术，如影视放映和图片展示等方式，唤起学生的学习兴趣，并通过多种感官刺激，增强其学习目的语的积极性。

（2）开展以学生为中心的活动，发挥学生的主观能动性

在学生研读英语文学作品时，要进行以学生为中心的教学活动，使学生能够充分发挥自己的主观能动性。这一方法有助于教师更好地了解学生的语言偏好，以便为他们提供更加个性化的教学指导，增强他们的参与度和学习动力，推进课堂活动的开展。学生文学欲望的萌芽实际上是学生内在积极性的一种体现，学生了解作品后，会想进一步阅读。通读大量文学作品，还可以逐步减少对他人看法的依赖，并培养出独立思考和独立理解作品内涵的能力。在评价文学作品中的人物时，教师应该鼓励学生勇于提出见解，积极表达自己的观点。

3. 英美文学名著的教学实战

在过去的许多年里，文学教学一直是英语专业在高等学校中的必修课。《高等学校英语专业英语教学大纲》对文学课程的教学目标做出了明确规定。大学英语和英美文学这一类非英语专业大学生所学的英语课程长期以来一直没有得到足够的重视，教学过于注重学生的基础语言技能和实用能力，再加上学时不多、任务繁重，会导致学生难以充分理解和欣赏文学经典著作。

（1）英美文学名著教学的理论依据

在大学英语文学教学中，建构主义学习观和阅读理论是两大重要的理论支柱。近年来，建构主义学习理论在许多学科的教学实践中都取得了良好的成果，同时当代阅读理论则强调阅读者在阅读过程中的主动作用。这一思想为文学教学提供了新的视角和理论基础。

①建构主义学习理论

建构主义学习理论是一种在 20 世纪 80 年代末到 90 年代初兴起的学习观。它高度重视并承认学习者的主观能动性，指出他们是信息加工的主体和意义的创造者。该理论强调学习的社会性，并认为人类历史和社会性活动，尤其是通过语言和符号系统的交互，对个体发展具有至关重要的影响。建构主义的理论还特别强调学习活动的互动性质，也就是说，学习活动是一种双方面的对话过程。如果要成功地进行文学教学，就必须注重其中所涉及的社会性和对话性，并在教学中给予其足够的重视。

②阅读理论

20 世纪，阅读理论将文学定义为一门具有一定开放性的复杂性松散型学科。这种文学风格要求读者以自己的想象力为基础，将作品中的抽象概念具象化，从而赋予作品永久的吸引力和意义。根据读者反应理论，一部作品的意义是由文本与读者之间相互作用的结果决定的。因此，该理论强调了阅读者在读取过程中采取不同的参与方式。沃尔夫冈 · 伊瑟尔 (Wolfgang Iser) 是这一理论的其中一个代表人物，他强调所有文学作品都存在一些“空白”或“缺口”的部分，这些部分在阅读过程中需要读者自行填补或补充细节。根据读者反应理论，应以读者为中心展开文论思考，这与现代英语教学法的以学生为中心的教学理念相吻合。这种思想可以作为实施大学英语文学教学的可靠指导。

（2）英美文学名著教学的实施

除了认识到英美文学名著教学的功能及作用，还需要采用行之有效的教学方式来升级大学英语文学教学。

①挖掘现有教材

在英语教学中，教材上很多内容都不完全是文学作品，因此，在教学过程中，教师往往会在课堂上直接引述或间接引述某些著名作者的名著，或者某些重要的宗教思想。同时，老师们也可以借这个机会向学生们介绍有关的文学方面的知识。例如，《大学英语 · 精读教程》第二册第五课中有一句话：In the 23 years of our friendship，I never saw him show jealousy，vanity，bitterness，anger，resentment or personal ambition. 如果学生对圣经或者基督教缺乏基本的了解，就会对这些名词的排列顺序不明所以。事实上，这七个名词暗指基督教的七大死罪（也作重罪），这里教师可以进一步拓展举例，如《李尔王》中李尔王的怒，《麦克白》中麦克白的傲等。

②选择经典名篇

在当前高校英语教学中，英语文学的部分相对较少，因此，教师应选择《圣经》、希腊罗马神话等一些古典名著来进行教学。在此过程中，同学们将从不同的文体中了解到不同的文化，从而了解作家的文体特征。

③提供背景知识

任何一部文学作品，都有其特定的时代背景。在教授英美文学的时候，要尽量给学生们提供更多的背景知识，比如作者的主要人生经验，创作的时代背景，与其相关的历史、地理、风土人情，还有与其题材、文体相近的其他作品，等等。这种方式，更能调动学生的学习积极性。

④激发审美意识

英国伟大的戏剧家莎士比亚、美国著名的短篇故事大王马克·吐温等，他们用英文写下了许多经久不衰的佳作。教师的任务就是引导学生去体味英语文学中的名篇，去体会英语语言的魅力，去体味作品的艺术魅力，去培养学生对美的敏感，去全身心地投入到美的境界中。在英语文学创作中，典型形象的塑造对于提高作品的感染力具有十分重要的作用。许多英语文字已经被赋予了特殊的意义，比如基督山伯爵代表了报复等。了解这些形象能够帮助学生培养形象思维，提升审美能力。

⑤创造语言情境

在大学英语课堂中，要想真正有效地学习语言，就必须创造出真实的语言环境，这种环境与目标语言的自然环境有所不同。文学作品能够为学生提供有关事件、情境和角色的上下文信息，这些信息有助于学生自然地理解和运用语言。虽然这些事件和情景并不存在于真实世界中，但通过合适的手段，教学可以弥补这种缺陷。比如通过讨论事件、构想情景、扮演角色等方式，营造出使学生仿佛身临其境的体验。

⑥利用网络信息

《大学英语课程教学要求》中的一个重要特征就是高校英语教学要抓住多媒体和网络技术的发展给学生提供的机会，改变传统的以教师授课为主要内容的单一课堂教学方式。因此，在英语名著的教学中，教师应该怎样指导学生使用现代的工具来获得更多的知识，使网络上的信息更好地服务于教学，这是一个不可忽略的问题。

（3）英美文学名著教学实例——英美文学作品中主人公名字的文化阐释

语言和文化是紧密联系在一起的。王佐良先生曾经说过不明白其中所包含的社会和文化，是不可能掌握一门语言的。语言学习不是一个孤立的过程，在学习语言的交际功能的同时，还需要对语言的载蓄功能进行认识和学习，因为语言不仅仅是一种社会现象，它还是一种文化现象。[①]

①英美文学作品中的人名寓意方式

在英语人名中，姓是固定不变的，是从长辈那里继承来的，而名字却不一样。名字可能有特别的意义，或是与取这个名字的人感兴趣的东西有关，或者因为其他某些原因。在文学作品中，作家经常会对自己的主人公进行细心的推敲，对他的名字进行认真的思考，并用名字的含义来揭示他的性格，并对他的命运和结局进行预言。

运用作品主人公的名字直接寓意在英美文学作品中极为常见。17 世纪，英国典型的清教徒文学大师约翰 · 班扬（John Bunyan）在 *The Pilgrim's Progress*（《天路历程》）中塑造了 Christian（基督徒），Mr.Worldly Wise man（世间智者先生），Pliable（易变），Faithful（忠诚），Hopeful（希望），Giant Despair（大绝望），Mercy（仁慈），Talkative（健谈），Mrs.Timorous（畏怯夫人）等一系列人物。这些名字都直接地表达了人物特征和性格，读者从他们的命名上就可知他们的智与愚、勇与怯、善与恶、忠与奸，对人物形象产生诸多联想。

运用谐音寓意为人物命名在英美文学作品中也非常普遍。英国作家杰弗雷 · 乔叟（Geoffrey Chaucer）在 *The Canterbury Tales*（《坎特伯雷故事集》）中将女修道院院长命名为 Eglantyne，与 eglantine（野玫瑰）谐音而且形近隐士女尼的风流妖媚。

英美文学作品中，作者还常常引经据典，根据创作需要为作品主人公命名。美国作家赫尔曼 · 梅尔维尔（Herman Melville）的传世之作 *Moby Dick*（《白

① 刘安洪．依托口译技能的跨文化交际能力培养模式及其效果[J]．云南农业大学学报（社会科学版），2014，8（3）：96—101；106.

鲸》）中有一人物，即故事的叙述者伊什梅尔（Ishmad）。《圣经 · 创世记》记载，犹太人的始祖亚伯拉罕之妻撒拉虐待其妾夏甲，把夏甲和她的儿子以实玛利（Ishmael）逐出家门。于是夏甲母子俩在荒漠中流浪，后来被上帝救出。因此，以实玛利（Ishmael）便是漂泊和追求的象征。英国作家乔治 · 艾略特（George Eliot）塑造的人物织工马南（Silas Marner）善良虔诚却屡遭陷害,Silas 源于《新约 · 使徒行转》。圣经中的赛拉斯（Silas）是著名信徒，在外出传道时遭人囚禁。两个 Silas 命运相似，以象征意义突出了作品的道德主题。

B. 英美文学作品中的人名文化蕴意

在许多英美文学作品中，主人公的名字都被作者赋予一定的含义。这种象征手比比皆是。威廉 · 莎士比亚（William Shakespeare）的 *The Merry Wives of Windsor*（《温莎的风流娘儿们》）一书中的 Falstaff（福斯塔夫）意为“false”（虚伪），英国作家威廉 · 梅克比斯 · 萨克雷（William Makepeace Thackeray）的 *Vanity Fair*（《名利场》）中有两个人物：一个取名为 Sharp（夏泼），意为“尖刻”，其性格同名字一样，是一个有着尖刻性格，既奸诈又自私的人物；另一个叫 Amelia（艾米丽娅），意为“勤劳”，是一位勤劳、善良的姑娘。两个名字昭示了迥异的人物形象和性格特点。

爱尔兰女作家艾捷尔 · 丽莲 · 伏尼契（Ethel Lilian Voynich）的 *The Gadfly*（《牛虻》）中的男主人公亚瑟（Arthur）十三年后返回意大利，又加入了革命组织，用笔名“the Gadfly”写了大量辛辣的文章。他用最锋利的武器——他的笔，就如同牛虻就叮咬牛、马动物一样，猛烈地抨击奥地利当局的暴行和教会的虚伪。这些音义结合的人物名字，寄托了作家强烈的爱憎情感。真可谓用心良苦，独具匠心。

美国女作家哈丽叶特 · 比切 · 斯托（Harriet Beecher Stowe）的长篇小说 *Uncle Tom's Cabin*（《汤姆叔叔的小屋》）中的汤姆叔叔（Uncle Tom）是一个屈从于命运的奴隶。汤姆在非人的生活条件下从事繁重的劳动，任人摆布，最后死在奴隶主的皮鞭下。此后以 Uncle Tom 喻指唯命是从、逆来顺受的黑奴。*Tender Is the Night*（《夜色温柔》）中，弗朗西斯 · 斯科特 · 基 · 菲茨杰拉德（Francis Scott Key Fitzgerald）以那个失望沮丧并沦落为乡间医生的人物 Diver（落水者）暗示人物的沉落和爵士时代的终结。

萨缪尔·兰亨·克莱门斯(Samuel Langhorne Clemens)的 *The Adventures of Tom Sawyer*（《汤姆索亚历险记》）和 *The Adventures of Huckleberry Finn*（《哈克贝利·费恩历险记》）两篇世界名著，正像作者自己的笔名马克·吐温（Mark Twain）暗指“舵手”一样，两位主人公的人名也颇有意味。Tom 让人联想到汤姆叔叔，Sawyer 指在河里漂来漂去的漂流树或圆木；由 Huckleberry，读者会想到 get the huckleberry，即引人嘲讽，讥笑，Finn 指芬兰人，在美国来说就是异族人。

18 世纪英国著名小说家丹尼尔·笛福（Daniel Defoe）的著名小说 *Robinson Crusoe*（《鲁滨孙漂流记》）中有位叫“星期五”（Friday）的角色。这位被鲁滨孙营救的野人，对鲁滨孙感恩戴德，鲁滨孙给他取了名字叫 Friday，以纪念在展期五这一天搭救了他。鲁滨孙教他学习英语，还教他读《圣经》，极力把他培养成一个对自己有用的助手。三年后，星期五成为了一个很好的基督教教徒。正因为星期五具有对主人俯首帖耳、唯命是从的性格特征，在现代英语中人们常以 Friday 喻指忠实的仆人和得力助手。由此还产生了 man-Friday（忠实的男仆）和 girl-Friday（得力的女助手或女秘书）两个词。

再看笛福同一小说中的另一人物——鲁滨孙。鲁滨孙是位水手，船遇风暴沉没，他泅水登上热带荒岛，以顽强的毅力战胜各种各样的艰难困苦，在岛上安顿下来。几年后被路过的船只搭救，后来 Robinson Crusoe 就成了离群索居与世隔绝或单枪匹马闯天下者的代名词。

如今，英美众多文学大师笔下的主人公名字有不少已发展成为英语的正式词汇，它们已成为具有泛称或类指意义的词汇，在日常生活语言中泛指或喻指一类人、一种状况或一种行为。它们能够引起人们丰富的联想，可以使事物清晰，使复杂的道理变得简洁明了、形象生动、耐人寻味，例如，Hamlet 是莎士比亚的悲剧 *Hamlet*（《哈姆雷特》）中的主人公。Hamlet 在为父复仇的问题上，忧虑重重，既害怕泄露秘密，又怕鬼魂是假的，还害怕落入坏人设下的圈套，因此终日心烦意乱，忧郁寡欢，最后只好装疯卖傻。现在人们用 Hamlet 喻指优柔寡断、犹豫不决的人或行为。由此派生而来的说法 Hamlet like 意为“优柔寡断的”，如“I'm not Hamlet.”（我绝不犹豫）

Shylock（夏洛克）是莎士比亚在喜剧 *The Merchant of Venice*（《威尼斯商人》）

中创造出来的放高利贷者的形象。他生性贪婪、嫉妒，为人冷酷而残忍。对于他，金钱就是生命，甚至是一切。也正是由于他对金钱的极度崇拜和贪欲，才使他失去了人性，最终人财两空，既丧失了钱财又失去了女儿。现代辞典中也收录了该词，Shylock 喻指敲诈勒索的放债者、冷酷无情的人。同时引申出动词 Shylock，意思是“放高利贷”。例如：His income derived from illicit activities–bookmaking;gambling,shylocking,and questionable union activities.（他的经济来源于一些非法活动——赛马记、赌博、放高利贷和一些可疑的工会活动）

又如，Fagin（费根）是英国 19 世纪批判现实主义作家查尔斯·狄更斯（Charles Dickens）的小说 *Oliver Twist*（《雾都孤儿》）中的一个专门教唆儿童做贼的反面角色。现在人们用 Fagin 泛指社会上那些教唆犯，尤指教唆孩童的犯罪者或小偷头子。例如：He is a kindly fagin who harbors nest of adolescent thieves.（他是一个貌似和善，使小孩犯罪的老坏蛋，窝藏了一批少年盗贼。）

密考伯（Micawber）是狄更斯的小说 *David Copperfield*（《大卫·科波菲尔》）中的主要人物之一。密考伯一生都在期待机会，幻想有朝一日会时来运转。不巧的是幸运女神从来不曾到来。现在用 Micawber 泛指当今社会上那些不筹划未来，却老是幻想突然走运的乐天派。同时，还由此产生出一个抽象名词 Micauberism（幻想走运的乐天主义）。例如：My own fear is that the present Micauberism will leave us wide open to a humiliating series of defeats.（我担心的是目前存在的乐天主义将会使我们蒙受一系列耻辱的失败）。

英美文学作品中，主人公的名字不仅仅是一种语言现象，更是一种蕴含着丰富文化内涵的现象，这一点可以从上文大量的例证中得到证明。这些名字既反映出作者对社会生活和人生哲理的认识与思考，又表达出他们独特的审美情趣和情感体验，甚至还有他们的个性气质等。作品犹如一位新生儿，其中人物的姓名或呈现出其形象，或昭示其性格特征。总的来说，作品中主人公的姓名不仅是作家创作意图的鲜明体现，更是作家爱憎情感的寄托，作家的观点和立场隐含在其中，同时也是对人物的性格和命运的一种预示。作品里的人物姓名不仅具有丰富的文学意义，而且还具有一定的文化价值。与此同时，也在不断地扩充和创新语言的词汇，以适应不断变化的语言环境。

在大学英语教学中实施文化教学能使学生了解和学习语言的载蓄功能，使学生顺利地进行跨文化交流。英语教学的使命不仅在于提升学生的语言能力，更在于培养学生的交际技巧，这其中当然也包括了解和掌握与语言使用息息相关的社会文化元素。唯有提升学生的社会文化综合素养，方能使其在跨文化交际中占据有利地位。

第五章　跨文化的英语教学研究

语言与文化相互依存、不可分割，学习语言也是学习文化。随着科技的高速发展，汉英之间的跨文化交流将成为未来世界发展的主流趋势。不同地域、不同文化背景下的人们相互交流也是全球化发展趋势的必然结果。然而文化背景的不同，文化冲突现象的存在，影响了不同文化间的交流沟通。跨文化交际与英语教学密不可分，在英语教学中应该增加跨文化交际的内容，从而提高学习者的跨文化交际能力。本章主要介绍跨文化的英语教学研究，从跨文化英语教学的目标与内容、跨文化英语教学的现状与问题、跨文化英语教学的改革与创新、英语教学中跨文化交际能力的培养四个方面进行阐述。

第一节　跨文化英语教学的目标与内容

英语教学是一门非常综合的学科，它需要考虑到学习者的思维和心理，教师的教学理念，社会的政治、经济环境等多个方面的因素。因此，建设英语教学理论需要借鉴其他学科的研究成果。同时，外语教学旨在为社会和学习者的个人发展提供服务，以培养社会所需的人才。随着社会的迅速发展，英语教育工作者也应该及时更新自己的理念，调整教学大纲和教学方法，以跟上时代的步伐。这是第三次社会化过程的基本含义，也是英语教育为提高学习者综合素质所做出的贡献。

基于语言和文化的互动关系、外语教学需求以及社会发展环境等方面考虑，跨文化英语教学是极为必要的。一方面，英语文化作为英语教学必不可少的一部分，为学习者提供了真实且多样化的语境，使得他们的学习与真实的人和事紧密联系，从而激发了学习英语的热情，提高了学习的动力，有助于促进英语教学，提高教学效果；另一方面，结合语言教学和文化教学，有助于培养学生的跨文化交际能力，满足现实生活中的多元文化需求。如果没有通过与母语不同的人进行实际交流来学习目标语言，而只是通过媒体等渠道了解目标文化，那么所学的文化只能是间接的，而学习者也无法获得亲身的跨文化交流体验。因此，很难在情感和行为方面达到跨文化交流所需要的能力。给学生进行跨文化培训将有助于他们在英语学习的同时增进跨文化交流能力，从而最大限度地发挥英语教学的优势。

教学计划和教学实践的首要步骤是确立目标和标准。在过去二十年里，美国、欧洲等国家的跨文化英语教学经历了快速的发展。尽管跨文化英语教学这一术语的使用并不一致，但这里所描述的跨文化英语教学基于吸收各种理论思想，不断推进教学思想的进步。此外，这种教学方法在中国也形成了独特特色，包含两个重要环节：明确教学目标和界定教学内容。跨文化英语教学的总体目标在于增强学习者的英语交际能力，使其在语言和文学方面的能力都得到提升。

一、跨文化英语教学的目标

跨文化英语教学的总体目标是提高学习者的英语交际能力（语言文学目标，初级目标）；培养学习者的跨文化交际能力（社会人文目标，高级目标）。

跨文化英语教学是在交际法英语教学的基础上进一步发展的。虽然提高英语交际能力是交际法英语教学的终极目标，但跨文化英语教学只是其中的一个方面，它作为重要手段促进学习者在跨文化交流方面能力的培养。在跨文化英语教学中，两个目标的实现具有同等重要的意义。提升英语交际能力是英语教学的实用目标，主要注重学习目标语言和文化背景。同时，加强口语和阅读能力的培养也是重点。英语教学的高级目标是提高学生的跨文化交际能力。这可以通过对比不同文化、增强跨文化意识、学习普遍文化知识以及培养多视角、灵活和立体的思维能力来实现。这些技能将帮助学生与不同文化群体进行交流和沟通。英语教育的目标不仅限于语言层面，而且涉及培养学生的个人素质和综合能力，这是英语教育的社会和人文目标。尽管英语交际能力在很大程度上是跨文化交际能力的前提和基础，但是反过来，提升跨文化交际能力也能够帮助增强英语交际能力。因此，这两者相辅相成、相互渗透，共同促进彼此的发展。

英语交际能力研究已经历了一个完善的过程，现已形成一套相对稳定、成熟的理论体系，并且在英语教学实践中经过了验证和丰富。同样地，跨越不同文化背景进行交流所需的技能和能力，是跨文化交际研究中的关键议题之一，因此备受众多学者的关注。这表明跨文化交际能力扮演了英语教学和跨文化交际这两个学科之间的桥梁的角色。虽然英语交际能力和跨文化交际能力已经在各自的方面得到了深入研究，但跨文化英语教学的目标和内容并不简单地是二者的简单结合。跨文化英语教学的本质特征是将语言与文化教学有机结合在一起。因此，教师的目标是创造一个相互渗透、融合的语言与文化教学框架。为了实现这个目标，教师必须在整个英语教学过程中贯彻跨文化英语教学，从教学目标的确定开始，贯穿语言与文化的结合，涵盖所有的教学环节。

英语中用 goal，aim 和 objective 等词来表达不同层次的教学目的。前面已经提到了英语教学的两个目标，即 goal，这是对教学目的的一个总体、抽象的描述。只有对抽象的目标进行具体分析，才能将其转化成可供英语教育工作者教学设计的依据和参考，这些细化了的目标就是教学目的（aim）。与这些目的相伴而生的是衡量达到这些目的的标准（standard）。目的和标准的确定非常重要，因为一方面它是对总体目标的细分，是总体目标实现的衡量标准；另一方面又是对教学具体实施的指导，是确定课堂教学目的（objective）和教学活动的基础，同时也是教学评估和测试的基础。这种承上启下的作用决定了跨文化英语教学要想得到外语教学界的普遍认可，成为一个健全、合理和实用的英语教学法，必须有明确的教学目的和标准。

教学目的和标准的确定基本上属于一种政府行为，一般是由政府教育机构发起，委托数名专家组成项目组进行调查研究，提交报告，最后再由教育部门审定和颁布，并监督实施，如美国 1996 年公布的面向 21 世纪的全国英语教学的标准，以及各州随后根据这一全国标准和地区的实际情况制定的英语教学的目的和标准。这说明教学目的和标准的确定受社会文化和政治经济等客观环境的影响，虽然跨文化英语教学的本质特点决定了其适用于任何国家和地区，但是其教学目的和标准以及教学方法在美国和欧洲可能有所不同。同样地，在中国的国情下，跨文化英语教学也应该具有自己的特色，为此，我们需要在知识和能力层面构建英语教学的目标框架。

（1）知识层面

语言意识指的是了解语言的基本属性和功能，以及理解语言和社会文化之间的相互联系。文化意识是了解文化的核心概念和特征，以及领悟文化和语言之间的紧密交互关系；了解目标文化的沟通方式、非语言交流特点、社交规矩、社会结构、价值观念、地理和环境，以及文学和艺术方面的知识，都属于目标文化知识的范畴。

（2）能力层面

英语沟通的能力涵盖语言技能、身体语言技能、社交文化素养和即时应变的策略。跨文化交际能力是指具备分析和观察文化现象的能力，能够将不同文化与自己的文化进行对比并加以理解。此外，还能够反思自己的民族文化和个人文化，以更好地理解不同文化间的差异和联系。具备跨文化交际能力的人可以接受文化差异，将其与不同的价值观和意义系统联系起来，并能够根据交际场合和对象灵活调整言行，以确保跨文化交际的顺利进行。作为文化协调员，应该具备灵活、多面和全面的思维方式，认识到不同文化并非哪一方有利或处于劣势，而是存在差异和相同之处。构建以上的跨文化英语教学目标框架的目的是培养学习者的英语交流能力和跨文化交际能力，该框架描述了教学目标和目的在认知、行为和情感三个方面的表述，为教学内容的选取、教材的编写、设计教学方法、完成教学评估和测试，以及对教师培训等环节提供了具体的依据和指导。跨文化英语教学的宗旨是全面培养学生在知识、能力和态度三个方面的成长，因此，教学内容也必须兼顾这三个层面的需求。

二、跨文化英语教学的内容

跨文化英语教学的内容分为四个模块，包括学习目标语言、了解目标文化、认识其他文化和提高跨文化交际技能。现行的英语教学内容与目的语言和目的文化紧密相关，通过学习这两个方面的内容，学习者不仅能够掌握英语语言的知识，还可以与英语的使用者进行有效的交流，这就体现了英语的交际能力。需要注意的是，在这两个模块中分别加入了“语言意识”和“文化意识”这两个方面。教授语言意识的目的是鼓励学生深入学习英语，并反思自己的母语，了解语言的普遍规律，以及认识语言与社会、文化之间的紧密联系。同样地，提高学生的文化意识旨在让他们掌握有关文化构成、作用和发展规律等方面的知识。跨越不同文化的认知以及交流能力建立在文化意识的基础上。另外，文化交流不仅是目的文化教学内容的一部分，而且也是让学习者通过体验目的文化来加深对本族文化和目的文化之间的了解。这就意味着，学习者不仅学习目的文化知识，还积极寻找或与教师一起创造机会，去体验目的文化并反思本族文化，进行文化比较，从而增强对文化差异的敏感性，培养对目的文化的情感投入。需要注意的是，文化交流与语言使用密切相关，因为它们通常是同时进行的；文化是交流的主题，而语言则是交流的工具。

跨文化交际能力是一种灵活的交际能力，旨在通过学习、交流、反思和体验母语和本族文化以及目的语和目的文化来超越文化差异，实现与来自世界各地的人们有效交流的目的。它的重点在于不断学习和了解其他语言和文化的特点，并且能够灵活应对各种具体文化的差异。如果英语教学只关注目标文化的内容，那么学习者可能会忽略其他文化的存在，因此无法进行跨文化交流。这对于培养学习者的跨文化意识和实现跨文化目标来说都不利。尽管英语教学的时间和精力有限，难以让学习者全面地体验多种不同的文化系统，但是教师可以通过选择合适的教材和设计恰当的教学方法，在一定程度上让学生了解除他们所属的文化和目标文化之外的其他文化的特点。

跨文化英语教学内容的另一个领域是教授跨文化交际技能，其中包含丰富的教学内容。文化差异敏感性和态度培养被称为跨文化意识。跨文化交际能力是一个全面的技能，包括知识、技能和情感方面。跨文化交际实践是其中的一个教学内容，通过创造跨文化情境和机会，帮助学习者了解文化冲突和误解等问题，并在教师的帮助下，学会自我调节和解决问题。此外，跨文化研究方法的教学也是重要的，因为培养跨文化交际能力是一个终身学习的过程，学习者无法在学校期间学习所有文化，而掌握研究方法是最现实和最有效的方法。

第二节 跨文化英语教学的现状与问题

尽管我国高校跨文化外语教学的理论研究及实践探索近年来进展迅速，但目前仍在探索阶段，整体上尚未成熟，还有很大的发展潜力。现有的研究主要关注外语教学中跨文化能力的培养，包括重要性、可行的培养途径和策略建议等方面。张红玲教授撰写的著作系统阐述了跨文化外语教学的理论建构、原则和方法以及教材编写原则，叶洪教授则从后现代批判视角出发开展了对跨文化外语教学的新探索，探讨了跨文化“第三空间”的概念。这些核心文献是该领域的重要成果，为我国跨文化外语教学的构建和完善提供了有力的理论支撑。

由于多种因素的影响，目前我国高校在推行旨在培养跨文化能力的外语教学方面还有待改进。具体来说，教师队伍、课程设计，以及对跨文化因素的认知和重视等方面均存在不足。这些缺陷影响了教学理念、教材和教学方法的质量。在高校外语教学中，跨文化教学的因素主要表现为解释和探讨与课文内容相关的历史文化背景知识，以多元文化为主题的演讲和讨论，以及设立专业或选修课程，例如西方文化概论和跨文化交际等。这些活动都旨在加强学生对不同文化的了解和尊重。将文化教育和语言教学相结合的方式，有助于学生掌握相关的文化知识和基础理论，同时也能积极促进学生跨文化能力的培养。目前实践证明，这些方法大多被单独使用，彼此之间并无太多相互联系。在教学中，教师更多地注重介绍英语的社会、历史文化知识及跨文化相关的基础理论知识，而没有充分重视学生跨文化敏感性、跨文化意识以及跨文化技能的培养。此外，教学互动及跨文化交际体验或模拟训练的开展所占比重较小。学生缺乏主动性，通常只在教师的要求下完成任务，没有形成主动了解多元文化和积极反思本民族文化的学习习惯。

其次，当前高校开设的跨文化外语课程中，关于我国传统文化，特别是深层次的文化因素的相关内容比例较低，而且往往更注重介绍客观文化或者表面文化。许多大学生对中国传统文化的核心思想、重要经典和学说，如“和而不同”“中和位育”和“天人合一”，了解的深度不够，无法用英语进行深入阐释和讨论，只是浅尝辄止。如果学生没有对自己所属文化的深入了解和分析能力，这可能会阻碍他们在跨文化交流中表现出文化自信。即使学生具备充足的英语知识，他们也可能无法和对方谈论有关文化的内容，无法用本地的跨文化想法有效地分析跨文化冲突。因此，跨文化外语教学的预期目标难以实现。

当前，我国在跨文化英语教学中还存在以下的问题。

一、教师在教学中对跨文化教育实施不到位

教师应参加继续教育，以提高自己的专业知识和能力，培养自己的跨文化思维。但是在实际行动中，却没有多少教师能够做到，很多教师只想着等学校统一

安排，只有一小部分教师会通过互联网、杂志、报纸等主动学习。此外，在跨文化教育的过程中，有一部分教师会使用多媒体来辅助教学，这一点很受学生的欢迎，大多数学生都希望教师能用多媒体进行跨文化教育，这样不仅能拓宽学生的知识面，还能使课堂更有趣味，更能调动学生的学习积极性。但是美中不足的是，这些老师虽然借助了多媒体等高新技术，但是却不利用多媒体进行跨文化教育，而是过度关注基础的英语知识。

二、跨文化教育的方法相对简单

教师缺乏运用跨文化教育的多样化教学方法。根据现状观察，大部分英语教师还未掌握多种先进的教学法，尤其在根据实际教学目标挑选最恰当的教学方法方面还不够熟练。在教学中，教师注重语法和句法的教学，重视语言的交际功能，却忽略了文化背景和非语言交际方面的教学。在教学中，教师经常强调书本知识，但未能适当关注如何帮助学生广泛阅读西方文化并掌握跨文化交流的技能，以拓展他们的知识面。这可能是因为教学方法不够恰当。教师主导的教学原则和方法，忽略了学生的主体地位，不利于学生在跨文化交际方面打下良好基础。有许多不同的英语教学方法适用于跨文化教育，包括语法翻译法、直接法、听说法、交际法和认知法。近年来，国际上还出现了不少创新的教学方法，这些方法的引进不仅拓展了英语教师的思路，还为英语教学注入了新的活力。只有通过深入研究和运用多种教学方法，教师才能够成功地实现跨文化教育的目标。

三、教师跨文化教育的意识和能力不够强

尽管有些英语教师已意识到跨文化教育的重要性，但他们大多仍然忽视跨文化层面的视角，将外语教学仅仅看作语言知识的传授，注重语法形式，而较少关注社会文化因素。最近几年，随着越来越多的人开始普及交际法教学并且开始讨论英语教学中的文化问题，英语教师也开始更加关注文化在英语教学中的重要性。然而，教师们对母语文化在跨文化交流中的作用认识较为不足，缺乏重视英语教学中学生母语意识的意识，忽视了向学生介绍和传承自己母语文化的重要性。随着外语技能日渐受到重视，教师们对跨文化教育知识的需求逐渐增加，然而教师们在这方面的知识普遍不足，缺乏可供参考的资料。

有些英语教师反馈称他们在跨文化和交际文化方面的系统知识不足，也缺乏较强的跨文化理解能力。另外，英语教师普遍存在的显著问题是缺乏对中国文化的修养以及表达中国文化的能力不足。许多英语教师缺不了解中国独特的典故和文化背景，缺少对中国文化深入的系统性探究和理解，以及对如何表达母语文化的研究不足。教师对中西文化都不够了解，难以教授目标语文化和母语文化，在文化教学中，很难帮助学生培养跨文化交际意识的平等观念；在教授知识和语言技能时，很难深入挖掘语言形式所包含的文化内涵，并相互介绍它们所属的文化背景。在对待本民族文化方面的态度上，仍存在一些不平衡的倾向。大学英语教师不仅仅是语言教学者，更是文化传承者。若希望进行跨文化教育，教师必须要充分了解和理解本国传统文化，才能帮助学生了解不同文化间的差异。这需要通过中西文化的教育、比较、取舍、参照和传播，使学生们理解文化的共性，确立对文化的正确认知，最终实现跨文化教育的目标。

大多数教师在双语应用方面仍然缺乏深入的技能，缺乏对两种文化之间的异同之处的深刻理解。如果在教学过程中过于关注异文化的理解和认同，而忽略了对中国文化的教授，缺乏强烈的批判意识和文化素养，会导致学生对全球文化进行批判式吸收的能力不足，同时也会削弱学生传承中国优秀文化传统并弘扬其价值的能力。无论是缺乏哪一方面的培养，都会严重影响跨文化交际能力的发展，使得难以有效地将英语的文化与中国文化进行比较。教师需要摆脱以西方文化为中心的偏见，建立起对本土文化的自信和独立思考的意识；同时也应该避免将中国或东方文化视为中心，而是采取包容、开放的态度，以全面、自主的意识来对待传统文化。

四、学生对待外来文化的态度不够端正

外语教学在我国面临着英语文化环境的缺乏以及整个教育体系和考试体系运作方式的限制。我国学生的母语属于汉藏语系，与印欧语系相隔甚远。在文化传统、语言特征，包括语音、语法和文字系统等方面都存在显著差异。因此，学习英语的起点相对较低，这一点说明教学环境在根本上对教学对象产生了制约。作为接受考试教育的学生，他们可能会将英语学习的主要目的放在应对考试、取得学位证书等方面。因此，考试通常扮演着指导学习的角色。语言教学必须遵循整

个课程的设置和安排，并且要注意与考试不同，语言和交际能力难以用外部条件和标准进行衡量。除此之外，我国的国情环境和社会伦理结构的文化传统，对英语的教学和学习产生了很大的影响。因此，学生在学习英语时很容易只是为了升学而努力学习。长期以来，国民教育过分注重向受教育者灌输知识，而忽视了对学生能力的培养。就课外语言学习环境而言，英语学习和交流的真实环境在社会、学校或家庭都较为缺乏。因此，纵观全局，外语学习环境的现状并不理想，因此需要在各个方面提供更强有力的跨文化教育支持。

目前的外语跨文化教学已经明显滞后于经济发展和社会需求的步伐。学生通常将重心放在获取新知识上，而忽略了将已学到的知识应用到实践中。尽管有些学生具有较为出色的语言表达能力，但是他们在跨文化交流方面的理解能力较为欠缺，对于交际策略、交际规则、礼仪规范等知识了解不足。由于缺乏对目标文化的深入了解，对语言的隐含文化含义及行为模式理解不足，在跨文化交流中常常出现误解，导致交流成效不佳。因此，如今迫切需要通过跨文化教育来培养大学生尊重、开放、宽容和平等的跨文化心理，以引导他们形成更为合理的跨文化观念和态度。

五、学校缺乏对跨文化教育的有力保障

跨文化教育的落实离不开学校的参与和支持，在培养跨文化意识、加强跨文化交流、构建跨文化氛围等方面，学校扮演着至关重要的角色。实际上，学校忽视了对教师跨文化素养的培养以及关注跨文化教育研究课题的组织。在跨文化教育中，许多教师都意识到自己的教学能力有限，同时也认为学校对于专业发展，特别是专职教师的专业发展方面的重视程度不足，并且对跨文化教育课题的研究也缺乏充分的重视。由于没有系统的跨文化素养培训以及缺乏跨文化主题的科研活动，许多教师只能自发地获取跨文化知识，导致他们感到无力改变现状。因此，很多教师期望学校提供跨文化交际的培训，或者为他们提供出国学习、交流的机会，还希望学校能与国外友好学校组织校际访问、客座交流等活动。

六、英语教学中存在的文化误区

（一）深层文化教学问题

1. 深层文化的内涵

文化是人类智慧、经验、信仰、价值观、行为、态度、意义、层级观、宗教、时间概念、角色空间关系、宇宙观的积淀，是一群人通过数代人的个体和群体的不懈努力所获得的物质对象和财富的综合体。深层文化所涵盖的领域远远超出了表面文化的范畴，包括但不限于思想、信仰和评价等深层次的文化内涵。

2. 目的语深层文化教学的问题

语言是人与人相互接触时所使用的交际工具，是人与人之间传达信息或表达思想的媒介，语言不仅是符号系统和交际工具，也是使用这种语言的民族历史文化的载体。语言就像一面镜子，反映了民族历史、文化、心理素质的深层结构，隐形地影响着一个民族看待世界的价值标准和思维方式。

在大学英语教学中，需要更深入地探究文化的内在结构和差异，特别是要注意不能忽视英语的深层文化，以加强文化教学。在培养非英语专业大学生跨文化交际能力的文化教学过程中，往往忽视了一个极重要的方面，即深层文化的输入，大学生在大学英语的课堂中触摸到的基本上是英语文化的“外壳”。

（二）目的语历史文化内容的缺失

现如今，我国英语教材中缺失了对目的语文化中深层文化文化的历史与关联的介绍，使得学生容易将从好莱坞电影和其他传媒获得的信息当做目的语文化的主流价值观，或者简单地把好莱坞电影中讲述的西方人物形象和日常生活当做西方人的生活常态。英语的课堂教学中对学生进行跨文化交际能力的培养，需要有意识地输入目的语文化，要有大文化的视野，但在实际的教学实践中，处理文化元素的方式却是任意和缺乏计划的，学生也只根据他们自己的兴趣来选择。以美国总统大选为例，它涉及美国的两党政治、独立候选人、选举团制度、媒体的作用、黑人和少数民族以及妇女的投票权、第三党国内国际政策等各个方面。如果在文化的输人中只关注某一点就会割裂整条文化链，反映在学生身上就是一知半解、似是而非。

（三）目的语经典阅读的缺失

目前学生和家长，包括部分教师对“英语好”的认识，似乎定义为“考试成绩分数高”，中学生以高考英语分数为标准来判断英语水平，大学生以通过大学英语四、六级考试的成绩来证明自己的英语水平，求职的学生为了证明自己英语水平高，还要去考BEC（商务英语证书考试）等各种证书来说明，更有学生以TOEFL（托福）、GRE（研究生入学考试）、IELTS（雅思）等考试的分数来表明自己的英语水平高。然而与时间成本、费用成本、机会成本相比，有些考试得不偿失，还妨碍学生的文化综合素质的提升。

哲学的职责在于将个别具体的事物与更为普遍的事物联系起来，进而探索人类与自然相互融合的深层次境地。哲学是所有精神活动的核心，并且每个科学活动，甚至每个人的内在目标，都会根据哲学确定方向，并从哲学中获取精神上的力量。

通过加强学生对文化哲学层面的了解，不仅可以提高其跨文化交际的能力，还有助于提升其语言技能，如阅读、写作、听力等。大学英语教学常常忽视了经典文学作品。但其实，文学作品可以作为表述文化的媒介，成为第二语言教学中的重要组成部分。文学作品不仅传递语言信息，也传递说这种语言的人的文化。因此，文学作品是学习者可以利用的语言资源，阅读它们也能帮助学习者提高语言能力。

七、文化定势对英语教学产生影响

（一）文化定势的形成

文化定势是由多方面的因素共同作用所形成的，大致可以分为社会背景、个人因素两个方面。

1. 社会因素

定势的产生有着深刻的社会基础，是家庭、学校、出版物、媒体、网络宣传等多方面作用的结果。家庭当中，长辈的介绍是文化定势形成的重要因素。学校的教育也是后期文化定势形成的重要推手。由于孩子缺乏足够的个人经验，只能通过别人的经验来发展自己对于不同文化的认知。因此，家庭成员、同学师长等的言传身教就成了孩子最初文化定势形成的重要来源。各种书籍、媒体的宣传也成了人们在缺乏直接经验的情况下了解不同文化的主要途径。

2. 个人因素

个人因素对于定势形成的作用也不容忽视。首先，作为一种认知模式，我们在认识事物时，会不自觉地将相同的事物分类，形成定型，凡是属于这个类别的事物，就纳入认知预先设定的原型当中。另外，个人的性格也是重要的影响因素。思想比较顽固保守的人形成的文化定势更加不容易改变，自我的人容易过分认同本群体文化特征，并以此为出发点，评价其它群体文化，形成文化偏见。个人对于不同群体文化真实的体验也是建立、固化、打破、重构文化定势的重要因素。

（二）大学英语教学中的定势

在大学英语教学中，应该用运动的、辩证的、发展的观点来看待问题。适当了解西方文化可以增进大学生对英语和其民族文化的认识和理解，进而帮助学生更深入地了解英语的深层文化，促进学生实现跨文化交流的目标。若以开放的态度和发展的角度审视问题，不但不会让学生或教师盲目接受西方文化，而是能够使学生通过对比过去与今天，更好地采取辩证的视角看待问题，并形成自己独立的思考。中国的传统文化正在复兴，而文化的融合和发展也在全球化的背景下成为趋势。因此，在教学和研究方面，需要在已有的成果和经验的基础上不断深化和拓展，树立开放的文化观念，并且在挖掘深层次文化价值的同时，积极消除文化固有观念和偏见。要摆脱约束思想的陈旧观念，不能仅停留在表面的文化表达和旧有的观念体系上，而是要积极地适应时代变革，深化文化理解和跨文化意识，以打破旧的思维模式。要坚持实事求是，鼓励大胆地解放思想。

综上所述，我国的跨文化英语教学还存在很多的问题，尽管文化定势有助于加速信息加工的进程，但其过度简化的概括方式可能导致偏见和歧视的形成。文化定势也会产生对信息的错误加工或误解。传媒、大众等多种因素对大学生的认知过程产生深远影响，导致他们容易形成文化上的刻板印象和偏见。信息不对称现象普遍存在于现代社会，尤其是在大众传播媒体发达的今天尤为突出。在社会、政治、经济等领域的活动中，某些成员所持有的信息与其他成员所不具备的信息存在不对称现象，这种现象被称为信息不对称。这种信息不对称会产生一种“搭便车”的心理，从而降低人们对信息的接受能力。信息的不对称性可能会导致误解和文化偏见的形成，从而使人们形成文化定势甚至偏见。随着时代的发展，在开放、合作、和平、发展的全球化国际环境中，大学生若仍按文化定势去交际，则无法沟通，如果用过于简单的认知方式来看待当今的西方文化，就会出现偏差和问题。

八、英语教学中母语文化缺失

伴随着全球性的语言教学中文化意识的提升以及对于在语言教学中融入文化教学的重视，我国的外语教学也在不断地改革。随着外语教学改革的不断深化，在外语教学中融入文化教学，已经受到了我国外语教学界的重视。无论是外语学界的理论研究，还是外语教学界的教学实践过程中，对于外语教学中的文化教学都在有意识地给予关注，相应地，大学英语教学过程中的跨文化交际意识的培养也在不断地得以提升。但是，伴随着外语教学对文化教学的关注与重视，却出现了新的问题，即在外语教学过程中，给予了目的语言民族文化以过分的重视与关注，忽视了母语的民族文化传统知识的教育，导致学生对母语文化的认知和理解不足，从而影响了他们运用目的语言表达母语文化的能力。

（一）英语教材缺乏母语文化内容

在大学英语教学中，过于强调母语和英语文化之间的差异。为了帮助学生更好地学习英语，有意让他们沉浸在英语环境中，以减少母语文化对学习的影响。

除了传授目的语的语言文化知识，外语教师还需要促进学生的母语文化意识，帮助他们掌握运用英语进行母语文化表达的能力。

（二）英语教学中对母语文化的漠视

学生无法用英语表述自己的思想和文化不仅是大学英语教学的困境之一，也是学生实现跨文化交际的障碍。

我国外语教学界这一问题的出现，极为充分地表明，我国的外语文化教学存在着问题。外语教师并不能够对母语文化在跨文化交际中的重要意义给予正确的理解与认识，不能够进行正确的判断，缺乏面对异域民族文化应有的批判意识，不能够深入地认识、理解不同民族之间存在的文化差异性与共同性。由此可见，外语教师们普遍地缺乏较为深厚的两种语言文化的应用能力。教师文化素养的不足，直接导致学生文化素养培养的缺失。一方面，必然要影响到学生对于异域民族文化的理解、认识与判断，面对着庞大繁杂的世界文化宝库，不能够正确判断该对哪些优秀的文化进行吸收；另一方面，则会导致因为自身不具备对于母语文化的正确理解与认识，从而无法在跨文化交际当中对母语文化中的优秀传统进行传播与弘扬。要明白，无论是对于母语文化还是对于目的语言的民族文化，忽视任何一方，对于跨文化交际能力的培养来说，都是相当不利的。

纵观当前我国的外语教学界，对于母语文化传统的忽略，是普遍现象。在我国当前的外语教学界，只是关注甚至是一味地强调对于目的语言民族文化的传授，却很少有人对母语文化给予相应的关注与涉及。特别是随着跨文化交际形式的迅速发展，英语教学在我国教学中占据着相当重要的位置，也致使英美民族的文化在我国得以广泛地传播与蓬勃地发展，相对地，母语文化在外语教学中却呈现出弱化的发展态势。

如果说在过去传统的英语教学过程中，是由目的语言民族文化教学的确缺失而导致跨文化交际过程当中产生交际障碍与交流失误，那么，在如今的英语教学中，母语文化传统教学这种近乎空白的状态在跨文化交际过程中产生的负面作用，可以说后果是更为严重的。这就需要在大学英语教学的过程中，对于英语民族文化与母语文化传统的传授与培养并重。在大学英语跨文化教学中，既要注重对英语民族文化知识内容的传授与文化素养的培养，也不能忽略对中国文化元素的英文表达能力的训练与培养，只有如此，才能够更好地培养英语学习者所应具备的文化差异敏感性、宽容性、包容性以及处理解决跨文化交际问题的灵活性能力。

第三节　跨文化英语教学的改革与创新

一、跨文化英语教学的意义

语言不仅是文化的传承方式，也是文化元素的一部分，展示了一个民族的文化，更深刻地揭示了民族文化的内涵。文化背景是语言的不可分割的一部分，因此，大学英语教学的目标之一就是帮助学生了解所学知识及其文化背景，从而提高他们的语言运用能力和交际能力。通过以跨文化视角为核心的英语教学，大学生可以更好地理解语言知识体系，并且深刻理解各民族之间的文化和语言差异，这样能够拓宽大学生的知识面，同时提升他们接受英语教育的效果。在多元文化环境下的大学英语教学已经颠覆了传统的教学方式和考核制度，其采用新的教育模式和评价方式，以提升学生的文化素养和综合素质为目标，从而让学生更深入地理解语言学习内容、更主动、自觉地学习知识。

历史上，学者们一直在探讨语言和文化之间的关联，总地来说，他们都认为这两者是相互依存的。它们之间相互交融，相互促进，共同发挥效果。语言是一个国家或地区文化的不可或缺的组成部分。语言是文化传承的工具，它具有承载和传递文化的功能，可用于宣扬和传播文化信息。语言和文化相互影响，语言是了解一个国家政治、经济、文化等方面知识的重要途径。我国大学的英语教学旨在推动全球互动与协作、深化对国外先进思想与技术的认知，以及培养适应国际环境的优秀人才，因此，此举已成为必然之路。为了更好地促进国际交流，需要确保这些人才不仅要积累自身的知识，而且还需要深入了解和适应国外的文化。另外，值得强调的是，通过跨文化的英语教学交流，可以提高学生的跨文化素养，同时也可以利用英语的独特吸引力，激发学生的学习热情。

二、跨文化英语教学改革创新的原则

（一）以学生为中心，以引导学生进行自主学习

教学过程的核心在于学生，因此教师需要围绕学生的真实需求展开教学，包括教学内容的设计、教材的编写和教学方法的选择等。在将跨文化交际与高校英语教学结合时，需关注的不仅是学生英语语言的学习，还包括对母语和本族文化的体验和理解、对其他文化的态度、个人素质的提高等多个方面。这些主题涉及学生的过去、现在和未来，包括思维方式和跨文化交际能力等。这些因素需要被充分考虑到教学设计和教学活动中。在教授高校英语时，教师的主要职责是引导学生进行自主学习。虽然传授知识和解释规则仍然很重要，但重点已转向培养学生自主学习的能力。在跨文化英语教学中，这一点至关重要。原因之一是，随着信息爆炸和知识的不断更新，培养终身学习的思想和掌握独立学习的方法已成为教育领域普遍的趋势和关注点。另一个因素在于跨文化英语教学相对于传统的英

语教学而言目标更加远大，内容变得更加广泛，但教学时长基本保持不变。因此，学生在校期间将无法接触和学习很多教学内容。在这种情况下，教师只有采用授人以渔的方式来确保学生能最终实现教学目标。这也解释了为什么要将英语和文化学习作为大学教育体系的一部分。

（二）语言教学与文化教学有机结合

跨文化英语教学的目的在于促进学习者在语言和文化方面的双重发展，并且语言和文化在这个过程中既是目的又是手段。英语之所以成为国际通用语言之一，是因为随着跨文化交流的日益频繁，来自各地、各民族、各文化背景的人们需要一种共同语言来进行有效的沟通和交流。因此，掌握英语已经成为进行跨文化交流的必要手段之一。此外，英语语言学习本身也包含了文化学习的元素，因此学习英语语言也就是在进行一种文化的探索；而文化学习和跨文化交际正是英语学习的主要目标。英语学习可以从文化学习中汲取丰富多彩、真实鲜活的素材和环境。高校英语教材和课堂大量引入文化材料，既能增加学习的乐趣，也是提高英语交际能力的重要保障。综上所述，跨文化英语教学既包括语言教学，也包括文化教学，二者相互依存，不可分割。

因此，语言教学与文化教学应当密切结合，体现在教学设计和课堂教学中，这种融合在英语学习的各个阶段、各个环节都得以体现。尽管在不同的学习阶段和课程中，根据学生对语言和文化的认知和需求，重点会有所不同。但是在跨文化英语教学中，语言和文化不可分割，没有真正意义上的纯语言课或纯文化课。只有有意识地去寻找这两者的结合点，才能取得最佳效果。

（三）充分考虑学习者的认知发展水平和语言与文化学习的规律

在考虑到学生的认知水平和语言文化学习规律的基础上，逐步引导学生从实际、直观、贴近生活的实用主题，渐进地进入更间接、抽象的意识形态范畴。学生的认知水平、情感发展，以及经历和经验的多样性，会带来教学内容和教学方法的多样性。这种多样性是因为不同地区、不同年龄的学生有着不同的特点和需求。随着学生认知水平的提高，承受压力的能力的加强，以及人生经历的丰富，语言和文化教学的内容可以逐渐扩展到一些复杂、间接和需要运用抽象思维的意识形态领域。在文化教学方面，遵循相关性和适当性原则非常重要。发展跨文化交际能力是一个需要耐心且复杂的过程。在这个过程中，学生的母语和本族文化体验和理解是学习的必要组成部分。学生在学习外国文化的同时，也一直在自我认知、自我反思、自我批评和自我提升的状态中。如果教学内容和方法与学生的经验和认知能力相差太大，那么就不能符合以“比较和对照自我和他人”为基础的文化学习原则。

（四）平衡教学内容和教学过程的挑战性

教学过程中教师要鼓励学生接受挑战，并提供必要的支持和帮助。在任何教育活动中，无论是教学过程还是教学内容都是不可或缺的。要达到最好的教学效果，就必须在安排内容和设计教学活动的过程中，充分考虑学习者的挑战和教学者的支持程度。在最理想的英语教学中，应该平衡挑战和支持的比例，如果教学内容较复杂或难度较高，则教师应相应地为学生提供更多的支持，在教学活动或过程中适当降低难度。反之，如果教学内容简易易懂，难度不高，则教学活动应该更富有挑战性。唯有如此，才能确保学生从教学中获得最大的利益。如果把复杂的教学内容放到具有很高挑战性的教学活动中让学生学习，他们可能会感到非常害怕和沮丧，这种方式不利于调动他们的学习积极性。反之，如果教学内容太简单且缺乏挑战，学生的潜力无法充分发挥，他们也会感到学习无趣，无法获得有效的知识。在跨文化培训中，平衡教学内容和过程、挑战和支持之间的关系非常重要。这一理论和原则同样适用于跨文化英语教学。

（五）说教式的知识传授法与体验探索式的教学方法相结合

说教式和体验式是两个相对的概念。说教式的方法是一种通过讲座、讨论等形式进行的知识传授的方法，它主要能促进学生的认知和理解，有利于学生学习和掌握语言和文化知识，分析和理解文化差异，这种方法与逻辑推理中的演绎法类似。不足之处在于，在说教式教学中，学生在很大程度上处于一种被动的接受状态，其主要表现为获取知识和对概念进行深入分析和理解。在此类授课活动中，跨文化英语教学所要求的学生在态度和行为层面上的进步和发展的目标就难以实现。正因如此，跨文化培训研究者主张采用一种类似于归纳法的体验式教学法。采用以学生为中心的方法，创造真实或模拟的跨文化交际场景，让他们亲身体验和感受其中的过程，从而激发他们在认知、情感和行为等多个方面的潜能，弥补了传统说教式教学法的不足。

当然，不能盲目地对这两种方法进行孰优孰劣的判断，因为它们各有所长。理想的做法是将两者有机结合，充分发挥各自的长处。这就要求高校英语课堂的教学活动要多样化，在这个过程中，不仅需要进行注重语言和文化知识传授的演讲和讲解，还需要进行角色扮演、模拟活动和参观访问等活动，以触动学生的情感并培养其行为能力。值得注意的是，学生的学习风格也是影响教学方法设计和选择的重要因素之一。

（六）教学内容和过程应该情景化和个人化

跨文化英语教学的突出特点在于将语言学习与文化学习紧密结合，同时还注重学生的个人体验和发展需求。这种教学方法不仅是一门课程，还犹如一根引领学生个人成长之路的拐杖，以激发学生的反思潜能为目的，影响他们的态度、行为价值观和人生观，从而提升他们的综合素质。跨文化英语教学的作用在于通过情景化和个人化的教学内容，实现个人综合素质的培养。具体来说，将文化内容置于具体的情景中，可以激发文化的活力，显示文化在社会和个人中的调节和指导功能，并且让学习者充分感受文化的作用，进而刺激其多种学习机制。只有将教学内容和过程与学生的个人经历相结合，才能激发他们对于目标文化及其他文化的学习兴趣，并且为他们提供比较本族文化与其他文化的机会，从而促使他们思考自己的态度、行为和价值观。除此之外，语言教学还需要注重情景化和个人化，这有助于激发学生的学习兴趣。通过情景化英语教学，学生能够接触到真实的社会文化环境，不仅掌握了语言知识，更重要的是能够了解这些知识在实际应用中的规律。这也是高校英语教学的理论基础之一。

（七）将本民族文化与其他文化进行对比研究

在跨文化英语教学中，一个明显的特点是强调本民族文化，并与其他文化进行对比，以促成跨文化的学习氛围。在跨文化的环境中学习外语和文化，有以下3点益处：①将学习者的本族文化和个人经验联系到外国文化和语言的学习中，不仅能够激发和维持学习者的学习热情，而且能够让学习者更加牢记所学内容，更加深入地理解，并且更加灵活地应用所学知识。②学习跨文化交际需要了解本民族文化与其他文化接触时可能产生的冲突，并掌握相应的解决方法。只有不断思考和比较本民族文化与其他文化，才能深入了解它们之间文化差异的具体表现。③通过加强对本民族文化的认识和反思，有助于学习者摆脱或减少民族中心主义思想，对自己的价值观念和行为习惯有更为客观的认知，并培养一种开放、灵活的思维方式。

三、跨文化英语教学的改革创新策略

（一）英语教师自身树立跨文化意识，转变教学理念

有效的语言交流不仅限于遵循语法规则和合理使用词汇，还包括了社会文化和习俗方面的考虑。即使一句话语在语法上没有问题，如果在特定的语境中使用不当，就会缺乏有效的交际手段，可能会导致误解和矛盾的产生。无论是在国际贸易谈判的纷争中，还是在日常的跨文化交流中所遭遇到的阻碍和挫败，这些都说明单纯掌握语言知识和技能是不足以成功地进行跨文化交际的。因此，英语教师作为学生英语学习的引路者，应该优先提高自身文化素养并且建立跨文化交流的意识。教学的重心应当从单纯的语言知识和技能传授转向注重培养学生在实际语言应用和跨文化交际方面的能力。在教学中，应有意将语言教育和文化教育相互融合。当讲解基础知识如词汇语法、篇章结构和修辞时，教师应该注重传授语言符号所体现的深层文化内涵，而不仅仅关注表层含义。为了让学生更全面地了解中西方文化在称呼、问候、感激、谦虚、赞扬、表达关切、讨论话题和价值观念等方面的差异，需要进行基础的英汉语言文化比较，从而更好地进行跨文化交流，同时理解英汉语言的语言形式和思维方式上的差异。通过对不同文化之间的差异进行比较，可以有效地提升人们对文化的敏感度，从而增强他们在跨文化交流中的意识。

（二）从培养跨文化能力角度进一步推行课程设置改革和教材改革

为了更加突出听说课程的重要性，必须对课程设置进行调整，这样学生就能更充分地练习听说技能。同时，教师应该尽可能地设置真实的语言交际场景，例如商场购物、订房、订餐以及求职面试，这样学生可以更好地体验实际交流所需要的语言技能。增加一些原本只针对英语专业学生提供的选修课和专业英语课程，以便非英语专业的学生也能参与学习。比如说，可以学习涉及跨文化沟通和英语

国家概况的课程，以及与《圣经》相关的故事内容。这对于非英语专业大学生而言是非常重要的英语课，必须注重培养其文化素养和语言表达能力，因此教材应该全面、系统地涵盖和处理文化教育内容。在紧密融合文化和语言的背景下，必须以文化为核心主题，以语言体系为支撑，将文化贯穿于语言之中，将语言作为表达和传递文化的工具。文化教学的系统应该包括独立的大纲、详细的内容和有效的方法，以满足教育的需求。因此，为了更好地教授文化知识，在编写教材时，必须更加明确文化教学的目标。为了确保学生掌握必要的词汇、语言和文化内涵，以及了解历史、地理、宗教信仰、生活方式、风土人情等文化背景知识，需要相应地编写教材内容，并增加相应的文化练习习题，循序渐进地帮助学生成系统地逐步学习。

（三）强调跨文化能力培养在英语学习中的重要性

帮助学生真正理解语言和文化之间的紧密联系，认识到在外语教学中培养跨文化能力的重要性。除了让他们了解“做什么”和“怎么做”，我们还应该让他们知道“为什么要这么做”以及预期的成果和受益。这样做可以增强学生参与跨文化外语互动教学的主动性。大学新生因其高度可塑的特点，在各方面表现出色，例如在塑造学习方式和认知思维模式的过程中，他们对即将展开的学习充满了期待。因此，在课程开端之际，有必要恰当地阐述人文学习、外语学习以及跨文化能力培养的概念，并透过对某一具体文化现象或事件的深入剖析，使学生深刻认识到跨文化语言学习的不可或缺性和至关重要性。这一方法能够深化学生对语言和文化之间相互作用的理解，可以提升其认知水平，并提高他们在后续学习中主动学习跨文化知识和培养跨文化交际能力的内在动机。例如，教师可以以中国学生在课堂上不太主动参与互动或提问的习惯为主题，引导学生运用英语进行深入探讨，激发他们从文化和个性的角度进行分析；此外，教师还可对西方学生与中国学生在课堂表现、思维模式以及学习习惯等方面的差异进行对比和体验，通过这个过程来促进学生的思考、思考和制定后续学习计划。将文化教学和语言教学有机结合，以学生所熟悉和亲身经历过的事件或现实问题作为教学素材，可以更容易地引起学生的共鸣，从而取得事半功倍的学习效果。

（四）加大中华民族文化在跨文化英语教学中的比重

跨越不同文化背景的外语教学旨在培养具备全面语言知识和技能，以及专业技能的高素质复合型人才，以满足国家的需求，为了为国家的发展和建设贡献自己的力量，并将中华文化传播到国际舞台上，他们需要具备一定的本土文化背景和人文素质，并肩负起传承和弘扬中华文化的使命。因此，需要增加中华民族文化在教学中的比重，不仅仅局限于表面的建筑、书法和太极等文化元素，还可以一些卓越的文化经典为素材，运用外语语言，以反思和探讨中华民族文化为切入点，引导学生深入思考此事。在这个过程中，我们的目标是帮助学生建立反思性学习习惯和灵活的思维方式，同时增强他们的文化自信心和自觉性，从而让他们能够在跨文化交流中做到“有话可说、有观点可发”，以英语清晰地表达自己的思想和观点，从而实现文化交流、分享和传播。

（五）合理利用多媒体网络资源，引导学生自主学习

教师可以使用与大学英语教材相配套的在线学习平台来提高语言水平，根据教材所涵盖的文化内涵，向学生推荐具备适宜条件的杰出影视素材。如《飘》《南北战争》《生活大爆炸》《实习医生格蕾》等。以此激发学生学习英语的积极性，培养学生的跨文化交际意识和能力。

（六）切实有效地开设第二课堂活动

很多学生对传统的英语角、英语晚会、英文歌曲大赛、英文话剧等活动表示不满，因为这些活动通常与中国学生一起参与，接触以英语为母语的人的机会较少或甚至没有。这种情况往往是由于客观条件的限制。随着时间的推移，学生参与活动的热情和动力逐渐消磨殆尽，致使预期效果难以实现。教师应当积极倡导学生利用现代高科技手段，例如互联网等，主动争取与国外友人进行跨文化交流的实际机遇。举个例子，可以利用网络聊天工具与外国朋友（尤其以英语为母语的）交流，感受学以致用的愉悦，可以通过语音或文本的互动来实现。教师可以对学生在跨文化交际过程中遇到的障碍进行定期总结，并逐一分析案例，以协助学生在实践中提升其跨文化交际的能力水平。通过设置富有成效的课外活动，教师可以为非英语专业的学生们创造一个跨文化交流的场所和氛围，有助于他们最终实现外语学习的目标。

（七）采用更科学合理的评价方式

在设置考试内容时，需全面考虑学生的听、说、读、写和翻译等综合能力，同时还需要对文化教育相关内容进行适当的评估。在评估学生英语语言运用能力方面，应该采用多种方式进行考核，包括课堂考核、网络考核、试题考核、第二英语课堂考评等，以全面而深入地了解学生的英语水平，特别是跨文化交际方面的表现。同时，教师也应该结合形成性评估和终结性评估的方法，以更加科学和全面的方式进行评估。

（八）学习国外的改革创新经验

我国的跨文化教育起步相较于西方较晚，目前还处于摸索阶段，很多地方的经验还不足，美国的跨文化教育和研究是历史最悠久的，迄今为止，美国各大高校几乎都开设了与跨文化相关的课程，同时美国对跨文化教学也一直在进行改革创新，下文以美国的全球理解课为例进行研究分析，进而探索我国的跨文化英语教学的改革创新策略。

全球理解课是一种源自美国的教学方式，利用网络视频会议、电子邮件等工具，对来自不同国家的学生进行分组配对。这一种授课方式注重学科的多元性、完整的课程设置、学校的自主性、学生之间的合作性以及交流场景的营造等特征，旨在促进学生之间的实时交流和非实时沟通。这门课程注重提高学生跨文化交流的能力，帮助学生建立英语文化模式，并且扩大学生的国际视野。这门课程创新地采用了跨文化交流英语教学方法，对于促进学校英语教学的改革具有显著的效果。

1. 全球理解课程的特征

全球理解课程的显著特点之一在于其涵盖了多个领域的学科背景。这门课程可被视为涵盖大学人文、科学等多个领域的必修或选修课程。完成整个课程需要四十五学时，这是确保课程完整性的必要时长。就学校的自主性而言，每个学校都会根据其独特的教学计划进行学分和教学内容的安排，而对于全球理解课程是否计入学分或作为课程补充的决定，则由各学校自主作出。可以激发学生的团队协作精神，以促进其团队合作能力的提升。每一位学生都会与一位同伴合作，共同完成一个与话题或专业相关的项目，这些项目可以采用多种形式，例如总结讨论话题、汇报新闻、分析电影等。全球理解课程提供了情境化沟通的机会，通过网络视频，让来自不同地区的大学生在一个“真实”的世界中实时进行文字或视频对话，表达情感，展示个性，满足他们交流的需求。英语的广泛应用性是连线程序的一大特点，参与者之间必须使用英语进行交流，因为它是彼此理解的重要媒介。

全球理解课程是一项创新的学科，旨在帮助美国学生了解世界。同样地，对于我国的高等教育而言，这一全新的英语授课方式也呈现出了其独特的教学价值。通过这种方法进行听说、阅读、写作和翻译的应用和练习，有助于培养学生跨越不同文化背景的交际能力，推动我国学生与其他国家学生之间的相互了解和交流。这一方法为学校的英语教学提供了一种富有成效的探索和实践途径。

全球理解课程符合当今全球化的特点，能够满足人们对于各种文化学习的需求。通过巧妙的设计，这门课程为来自不同国家的学生提供了实时交流的机会，不仅让英语国家的学生深入了解更广泛的世界，同时也为非英语母语的学生提供了学习英语和了解其他文化的机遇。在当今全球化的大背景下，学校教学创新的重要体现在其不断的探索和创新，以适应时代的发展需求。这种全新的英语教学方式让学生有身临其境的体验，接触不同的文化，促进了沟通能力和学习兴趣的提升。

信息网络技术的发展促成了全球理解课程的诞生。全球理解课程之所以能够诞生并持续存在，是因为信息技术飞速发展，互联网的兴起和成熟为其提供了稳固的物质基础。当今年轻人的生活、学习和工作已经普遍依赖于信息网络技术。随着技术的不断进步，课程讨论也变得更加便捷，仿真情境也越来越逼真，并且成本也不断降低。最为关键的是，每一位学生都能够获得学习英语和掌握有关其他国家基本情况的机会。学生们在全球理解课程中不仅获得了学习和交流的机会，同时还能够得到相应的学分，这也是促进该课程快速扩展的关键因素之一。

2. 全球理解课程对英语教学的推动

（1）提升来自不同文化背景的学生在社交方面的技能水平

跟其他语言一样，英语在交流和沟通方面扮演着至关重要的角色，同时也是文化传承和承载的重要媒介。英语教学旨在使学生掌握这门语言并能流利地运用于工作、学习与生活中，促进他们了解与提升不同的文化、世界观与价值观以及社会生活。全球理解课程是一种生动而充满活力的教学方式，它充实了课堂内容，增强了英语语言交流能力的培养，并有助于提高学生的实际交流能力。在课堂中，老师指定了一个主题，要求学生学习相关的英语知识。在面对来自不同肤色、不同口音的国际同学时，学生们需要接受老师的指导，以提高他们对语言的灵活性和适应性。通过这种学习方式，学生们能够更深入地理解一个单词的含义，并在不同的文化环境中更加适当地运用它。更具有意义的是，通过连线课堂的方式，学生能够在课堂上形成一个紧密的、互相协作的学习团队，在互动交流的过程中，感受到英语学习的愉悦，从而提升运用英语进行交流和沟通的技能。这样，教授的英语课程将培养学生掌握实用英语和活用英语的能力，而非仅仅了解文字形式，让学生在通过深入交流提升英语水平，进而促进英语教学方法的创新。

（2）有助于塑造学生英语文化的图式结构

人类之间的交流难题不仅在于各种语言符号的多样性，更在于人类大脑中存在着多种不同的文化模式。语言教育成功的关键在于在学习者的大脑中建立该语言的潜在文化模式。在跨越不同文化背景和个人经历的交际中，由于双方的文化背景和个人经历的差异。双方在信息选择、理解、处理和行动方式方面的差异，将对其产生影响。因此，学校的英语教学目标在于协助学生重新构建英语语境下的意义结构和认知过程，以便更好地理解和应用英语语言表达。

（3）拓宽了学生的国际视野

全球理解课程为跨文化背景的学生提供了拓展国际视野的机会，从而促进了他们之间的交流与理解。随着全球化进程的不断加速，英语已经成为一种在全球范围内广泛使用的语言，其地位也在不断攀升。全球理解课程为学生提供了一种认识英语差异和独特之处的机会。这门课程的目的不仅在于锤炼语言技能和提升交际能力，更在于让学生深入了解对方国家的文化、经济社会的发展现状，领悟同龄人的思想，并向他们介绍本国的文化底蕴。

因为网络环境的制约，要在短时间内进行深入沟通是比较困难的。如果学生在进行全球理解课程时，没有进行充分的准备，例如查找词汇、了解背景、深入思考问题等，并且在交流过程中未恰当地运用非语言交流或辅助语言，将会对课程效果产生负面影响，这也是在推行全球理解课程时必须避免的因素。

3. 全球理解课程对中国英语教学的启发

（1）注重英语教学的实用性和培养学生的人文素养

在我国的英语教育中，英语教学是至关重要的一环。在这个阶段，学生进行专业训练、持续提升自己并为就业做准备。随着学生学习目标的逐渐分化，英语教学的实用价值也开始变得愈发凸显。在进行英语教学的同时，需要强调其既能作为工具使用的实用性，也需要注重培养其与人文相关的内在价值。英语教学中的工具性一直备受重视，教师和学生都注重培养听、说、读、写、译等多方面的语言能力，建立了一个全面的课程框架。然而，在英语的授课过程中，对于人文因素的重视程度并未达到应有的水平。首先，必须认识到英语语言所蕴含的文化内涵并未得到足够的重视，偏重于教授语言技能而忽略了语言背后的核心原理。其次，英语教学中忽视了本国优秀文化的推广，过多地接纳外来文化而忽视了本国文化的输出。最后，过于追求快速见效和工具化目标的实现，使英语教学忽略了人文价值目标的实现。随着国际交流的不断加强，人们越来越需要具备跨文化的社交能力，并在日常生活中广泛应用英语，涉及政治、经济、文化等多个领域。除了政府和学校，还有一些培训机构和企业积极参与，致力于培养具备流利英语和全球化适应能力的国际交流人才。

（2）加强和改进交际性英语教学课程

根据所述情况，我国高度重视英语教学工具的实用性，特别关注通用英语课程和专门英语教育，同时也有一些值得推广的优秀教学实践经验。在结构主义影响下，许多优秀学者通过英语语法翻译为主线的教学，总结了英语语言规律，因此，必须持续不断地加强这种授课方式的实施。由于行为主义的影响，英语教学采用了大量的反复练习方式，这种教学方式不仅提高了学生的英语水平，同时也促进了他们对英语学习的深入理解。在这种教学实践中，不仅需要关注词汇的内在含义，还需要注重书面或口头沟通的风格，特别是要重视社交的合理性和可靠性，同时避免过度强调语法的正确性。各种教学改革，如全国外语教育标准，多媒体、计算机和网络辅助教学，英语四、六级改革以及听说能力评价标准的提高，都是基于交际性理念的指导。该平台不仅为我国的英语跨文化交际教学提供了一个有益的平台，同时也为交际性英语教学提供了一个模板。当然，我们需要更深入地强化和改进英语跨文化交际的教学课程。

（3）充分发挥学生的主体作用和教师的主导作用

教师在英语教学中扮演着主导角色，而学生则是学习过程中不可或缺的主体，二者缺一不可。在英语教学中，越强调教学的实际应用和强化交流环节，学生的主导地位就会更加明显；教师在发挥领导作用和承担责任方面尤为重要。据全球理解课程的实践证明，教师需要在跨文化教学中精心选择主题并制订巧妙的教学方案，同时担任整个教学过程的指导者，以实现教学目标。例如，引导学生进行批判性思考和讨论，策划考试，为必要的现场翻译提供支持，以及将地方风味的叙述转化为全球语境下的表达方式。在这种富有创造性和批判性的英语教学中，教师的经验、智慧和直觉起着极其重要的作用，其重要性不容小觑。

在不同文化之间进行交流时，需要特别留意文化差异和不同意识形态之间所带来的冲击。在英语跨文化交际教学中，学生需要参与其中并扮演主体角色，但同时需要教师充分发挥指导和引导作用，仔细分析和研究所选材料的话题。

在跨越不同文化背景的背景下，改革英语教学有助于培养非英语专业人才，使其具备运用英语进行跨文化交流和沟通的能力，这不仅符合中国高等教育素质改革和经济发展的趋势，同时也有助于促进国际交流，具有极其重要的现实意义。

第四节　英语教学中跨文化交际能力的培养

一、跨文化交际能力的概念

（一）跨文化交际能力的界定

在过去的几十年间，学者们对于跨越不同文化背景的交际能力，从多个角度进行了深入的探讨和阐述。其中，文化因素是一个非常重要而又被普遍忽略的部分。陈国明将跨文化交际能力定义为“在特定环境中有效、得体地完成交际行为以获得预期回应的能力”。胡文仲则指出，尽管不同学者对跨文化交际能力所包含的要素观点不一，但从他们所列的要素中可归纳出共同的部分，即认知、感情（态度）和行为。[①]

① 杨洋．跨文化交际能力的构成与模型研究[J]．天津外国语大学学报，2014，21（4）：50-58．

而促进跨文化交际的途径就是减少交际中的不确定性。个体的跨文化交流能力涵盖了他们在处理跨文化交际中所涉及到文化差异、文化陌生感以及心理不适等方面的能力。对于跨文化交际能力的定义，更加强调了“跨文化处理能力”，这指的是处理文化差异的能力，所强调的内容不在于交际行为的过程是否得体以及交际结果是否有效。

尽管学者们在界定跨文化交际能力时采用了不同的观点，但是它们都具有某些共性，即交际需要在特定的背景、情境或场合下发生，这个环境被称为语境。社交行为的展现受到交际对象在不同文化背景下对社会规范、认知和角色的影响，并且与交际者的社会身份、交际角色和意图密切相关。人们对于不同情境中的交际行为有着不同的期待，并且会根据具体情况来判断交际行为的适宜程度。由于交流对象的行为违反了自己的交流行为准则，产生了不满的情绪。如果人们缺乏跨文化交际技能和情绪管理的能力，他们的行为会表现出来，从而导致跨文化交际失败。经过分析，笔者认为跨文化交际能力指的是在不同文化背景下，能够有效地进行交流并达成共识的能力。

（二）跨文化交际能力的内容

在跨文化交际能力方面，各学派并没有一致的观点，对于应该包含哪些内容的问题存在着不同的看法。按照语言学学者通常的观点，这个概念涵盖了语言运用和社会文化素养两方面的内容。各方普遍认为，语言能力主要涉及词汇、语法和语音系统等方面。处事能力、沟通能力、知识体系和运用能力的综合表现被称为社会文化能力。在跨文化交流中，处事能力指的是交际主体具备摆脱民族主义情感和立场的能力，以便有效地与来自其他文化背景的交际对象进行沟通。

根据跨文化交际学的观点，跨越不同文化背景的交际能力是由多个相互关联的方面构成的，其中包括基本的交际能力（包括语言和非语言的行为能力、文化学习能力、相互交往的能力及认知能力）、情感和关系处理能力、情节处理能力和策略运用能力。

要具备跨文化交际能力，需要考虑情境因素。同样的行为在不同的文化环境下会有不同的意义，因此有跨文化交际能力的人需要能够恰当有效地表现自己。跨文化交际能力需要充分掌握相关知识，具备适当的动机和相应的交际技能。在此基础上，他们指出了跨文化交际能力的基本成分，其中包括表达尊重的能力。

这种能力体现在以言语和非言语形式表达尊重，但需要注意不同文化背景对尊重的要求各不相同。知识定位能力是指人们解释和定义自己和世界中所学知识的能力。个性化的诠释则表现为当人们能够与他人建立和保持关系时，就具备了关系角色的行为能力。宽容能力指对于跨文化冲突中新的、不确定的、不可预知的情况有能力容忍并接纳。而描写解释和评价能力则是指能够客观描述所观察到的事物，并赋予其意义和解释，并在解释中作出评价的能力。

可见，跨越不同文化背景的交际能力所涉及的能力范畴不尽相同，但普遍包括但不限于语言、认知、情感和行为等多个方面。

二、英语教学中跨文化交际的必要性

多年来，外语界一直对文化教学进行深入研究，文化的影响是语言存在的不可或缺的因素，因此，语言教学必须融入文化教学的元素，这一点已经被学者们广泛讨论并达成共识。美国语言学家克拉姆契（Claire Kramsch）认为，“语言表述着、承载着，也象征着文化现实，两者不可分。”[①] 在语言教学中，文化扮演着不可或缺的角色，这是因为语言和文化之间存在着紧密的相互依赖关系。在英语教学中，英语文化的传承是一项必不可少的任务，英语文化则是塑造学生交流能力的重要基础。因此，教师必须重视学生英语文化背景知识和技能的培养，使他们能够运用正确有效的方法来进行跨文化交际。

要精通一门外语并成功交际，说话者需要拥有必需的语言基础知识和口语能力，以适当的语言进行交流沟通。要想有效地提高教学效率并培养学生的外语综合运用能力，需要重视跨文化交际教学以及英语文化教学的研究，使学生能够意识到中外文化之间的差异并具备相关的敏感性，同时提升他们在跨文化交流中使用英语的能力。这是一个非常重要的途径。

（一）跨文化交际研究是有效英语教学的重要组成部分

成功的英语教学不仅仅关注英语本身，还必须将社会规范、语言环境、文化规则和语用规律等多种因素与语言符号系统相互交织，以形成一种紧密的融合关系，以帮助英语学习者成功地完成复杂的跨文化交流。在学习语言与文化的过程

① 周帆．高校英语教育教学理论与实践研究[M]．长春：吉林大学出版社，2017.

中，二者相辅相成，不可分割。学语言就是学文化，学文化也就是学语言。

学生的英语听说和阅读理解能力提高会受到文化知识的影响。听力理解困难是一个普遍存在的问题，很多学生反映用了大量的时间进行训练，但是进步缓慢。学生们会有这样的感受：他们听到了与自己熟悉的事件或人物相关的材料，即使其中有一些生词，也能很轻松地听懂并理解得很好；但是，如果在面对未知领域的相关材料时，听起来会变得异常棘手。尽管这些素材中涉及的生词和语法并不复杂，且他们对文字的表面意义也能够理解，但由于缺乏对文化背景的深入了解，他们无法领悟文字所蕴含的真正内涵。在阅读理解中，学生常常遇到同样的问题，他们感到无能为力，这并非因为他们在阅读过程中遇到了过多的生词和复杂词汇，也不是因为他们缺乏对语法关系的理解，而是因为他们受到了中英文化差异的困扰。

听力和阅读的关键和难点在于理解，而理解能力作为一种综合素质，不仅需要扎实的语言能力，而且需要具备丰富的文化素养。

实际上，在英语的现实应用中，会不断遇到来自不同文化背景的人们，现代英语教学必须将跨文化教学视为一项至关重要的元素。通过对跨文化背景的交际内容进行全面深入的研究，并将这些研究成果贯穿于英语日常教学的始终，学生可以深刻领悟到中英文化背景之间的差异，并逐渐培养起对于文化差异的高度敏感性，确保英语教学高效，学生成绩和能力俱佳。

（二）跨文化交际为实现英语教学根本目标提供必要保障

英语教育的主要目的在于通过掌握英语这一工具，学习者得以与来自英语国家的人成功地进行跨越文化背景的交流和互动。

在语言学和语言教学领域，早期的一些学者认为，在学习外语的过程中，应该注重学习目的语的文化背景，而且提供了许多关于如何在外语教学中融入文化元素的理论和方法。

语言与文化相互渗透，掌握一门语言即意味着深刻理解该语言所蕴含的文化内核。由于语言和文化之间的联系十分紧密，因此对跨文化交流进行系统的研究，采用英语进行跨文化交流的教学模式，将极大地推动英语教育的进步，最终实现英语教学的核心目标。

语言不仅仅是一种表达和交流思想的工具，更是承载和传承民族文化和社会文化的重要媒介和载体。外语教学的目标不仅在于让学生掌握外语的语言知识和表达方式，以便更好地表达其思维中已有的概念和内容，同时也需要引导他们掌握新的知识、思想、精神和知识。

杰姆·阿尔普特金（Cem Alptekin）把语言文化知识分为系统性和超结构性两种。前者指句法和词法等，后者指从社会中习得的、与特定文化相关的认知特点等。她还指出："外语文化中的结构性制约着学习者掌握外语的系统性知识。"[①]也就是说，在英语学习中对目的语文化了解掌握得越充分扎实，越有利于学生把握英语语言技能。华莱士·切夫（Wallace Chafe）也曾写道："文化能力在理解任何具有异域文化性质的事物时，起着举足轻重的作用。"[②]英语跨文化交际教学模式的核心在于将文化视为一种工具和目标，注重培养学生的跨文化交际能力。

加强外语教学中的人文文化传承，意味着强调语言、社会文化和民族文化之间的内在联系，以确保学生在跨文化交流中获得全面的知识和技能。这一观点旨在探究语言与文化、语言教学与文化教学之间的紧密联系，并揭示它们之间的相互影响。为了让学生深入了解不同国家的文化，教师需要将语言教学与民族文化、社会文化的研究相互融合，以外语教学为手段，增进对其他国家情况的了解。这样一来，外语教学的职能已经从简单的知识传授转变为全面的文化传承。尽管一个人已经掌握了某些英语知识并具备了一定的听说能力，但在实际运用中，由于某些词语和表达方式的意义源于特定的社会文化背景。因此，要习得一种语言，必须对其所代表的社会文化内涵进行深刻的理解和认识，这是不可或缺的。

我国英语教学一般会设置一门英美概况之类的课程，旨在介绍学生所学语言的国家和民族的社会文化，但实际效果不是很好。这是因为课程内容繁杂，包含政治、经济等各个方面，与具体语言现象不直接相关。

因此，人们开始意识到在语言知识的授课过程中，及时、恰当地传授文化知识，是加强文化教育的有效途径，并应在外语教学中对比语言和文化的差异。

（三）英语跨文化交际教学是现代英语教学的重要标志之一

文化、科技和信息交流已经成为人类生活中不可或缺的重要组成部分，这也

① 任诤，庞媛．跨文化教育和跨文化交际教育研究[M]// 当代外国语言文学学术文库．北京：对外经济贸易大学出版社，2021.

② 刘新义，张京生．试论文化导向型英语教学模式[J]. 山东外语教学，1996（3）：76—78.

促进了不同国家、民族之间的交流与合作。

随着中外交流的日益频繁，越来越多的人需要掌握英语这一全球通用语言，以便获取信息并展开有效的沟通。

在现代社会，评判人才的重要标准之一是其拥有的文化认知能力和跨文化交际能力。因此，在外语教学中，重点是培养和加强学习者对于异域文化的认知，以免在交际时出现障碍或冲突。现代英语教学越来越重视跨文化交际的地位。为此，一些外语院系在高校中开设了跨文化交际课程。在英语教学领域，跨文化交际已经成为一种具有重要影响力的教学模式。与传统英语教学不同，这种实用教学模式体现出英语教与学真实目的的同时，也进一步推动了英语学习进入跨文化交流的时代。

（四）英语跨文化交际教学是适合中国环境的课堂教学模式

当人们进行交流时，是在表达着自己的社会身份，分享着自己的文化兴趣，传递着自己的信仰、价值观和行为准则，等等。交际是一种包括语言和非语言行为、社会文化和整个世界的高度规范化互动过程。

由于缺乏对英语文化背景的了解，当一位中国学生听到外国友人对她的衣服赞叹不已时，不好意思地连忙摆手说：“No，no，it’s just an ordinary dress.”(不，不，这只是一件很普通的衣服)。这位国外友人闻之心生疑虑，对自己的审美观产生了疑虑。实际上，这是一种典型的中国式“谦虚”回应。在英语文化中，恰当的回答应是表达感谢对方的话语：“Thanks.”“Thank you.”中国人在听到他人的称赞或表扬时，往往习惯于表现出谦逊，回应对方“You are over praising me.”(过奖)。抑或用“Where?Where?”(哪里，哪里）来回答，这会让对方感到是在怀疑他的判断力，甚至不知所云。甚至即便是学习了多年英语的中国学生也不知道如何正确地与外国人打招呼，不知道如何接受别人的表扬，不知道该不该问“你收入多少？你要去哪？”之类的问题。在我国学生与母语是英语的人的对话中，常有连珠炮似的发问：“What’s your name？ How old are you？ Where do you come from？ Do you like Beijing？”这就是只具备语言能力，而不具备社交能力的生动说明。

很多学生习惯将中国的文化范式套用到英语交流中，但这样做往往会导致对方的误解和交际障碍。

中国人在接触英语时，受到中国文化环境的影响，学习英语的固有特点是受到这环境的相互影响而形成的。让中国人学习英语并不是要改变其意识形态，而是让两种文化相遇和交汇，融入中国已经形成的语言文化背景，吸收和消化其中的英语语言文化，从而培养出双语能力。

尽管交际成功中文化的重要性不容忽视，然而我国英语课堂教学往往忽略了这个方面。现今，全球外语教育发展的潮流越来越强调“沉浸式学习”，旨在让学生在所学语言和文化环境中深度融入，全身心地投入学习。因此，在我国特定的英语学习环境下，应该充分利用课堂教学的潜力，采用跨文化交际教学模式，并通过各种途径来模拟英语文化语境。在教学的各个环节中，向学生传授大量相关的英语文化信息，以便让他们能够深刻理解中英文化之间的差异对语言使用所造成的影响。此外，还应尽力使学生熟悉英语文化背景，适应英语文化环境，并逐步提高他们的跨文化交际能力。

三、跨文化交际英语教学策略

英语教学的基本宗旨在于提高跨文化交流的能力，以便更好地与具有不同文化背景的人进行沟通。全面提高英语教学素质，显著提升学生的英语实际运用水平。为了达成这一目标，需要充分理解英语在跨文化教育中扮演的关键角色。应将语言视作文化和社会的紧密融合体，并在教学大纲、教材设计、课堂教学、语言测试及课外活动等方面全面反映这一理念。

人类的交际不只是一种语言现象，也是一种跨文化现象。英语教学的目的是交流，而在我国目前的教学体系中，在大学英语教学中，重点在于传授语言知识，而忽视了培养跨文化交际能力的重要性。在实际教学中发现，许多英语学习者由于受到文化方面因素的影响而导致语用失误或“失语”。因此，教师应当积极探索培养学生跨文化交际能力的有效策略和方法，以应对这一挑战。

（一）转变观念

在我国的英语教学过程中，教师扮演着至关重要的角色，他们是教学过程中不可或缺的主导力量。如果教师过于专注于语法和词汇教学，那么学生将无法掌握语言的实际应用，因此，教师在授课过程中必须深刻认识到文化碰撞所带来的潜在危害，并积极培养学生跨越不同文化背景的交际能力，同时，教师应努力使自己成为具有一定外语水平的复合型人才。加强师生互动，增强课堂氛围，注意课下引导和点拨，全面提高英语教学水平，以达到预期的教学目的。

（二）改进传统的教学方法

长期以来，大学英语教育的重心一直放在语言知识的传授上，却忽视了跨文化交际能力的发展。为了改善现状，需要改变单一乏味的教学方式，通过控制教学内容的质量和数量来提升教室文化教育的效果，并通过现代的教学手段（例如电影、互联网等）充分激发学生的学习热情和主动性。此外，也可举行一系列针对特定主题的讲座，以满足学生的求知需求，并为培养跨文化交际能力较强的人才提供知识分享的平台。

（三）引导学生广泛接触西方文化知识

在大学里，学生有很多的自由时间，如果只是在课堂上听教师的授课，就难以培养跨文化交际能力。因此，教师应该引导学生充分利用课外时间来广泛阅读西方英语文学作品、报纸、杂志等，此外，还应在鼓励学生与外籍教师进行互动交流方面下更多的工夫，例如倾听外籍教师的演讲或授课，积极参与交流互动，可以从中受益。

四、英语教学中学生跨文化交际能力提高的方法

（一）采用对比法

因为各民族所处的地域、生态环境、政治制度、历史背景、风俗习惯、价值观念及行为模式的不同，其文化特征也不一样。只有通过对比才能发现本国文化与目的语文化之间的差异与相似之处，从而培养出对跨文化交际的文化敏感度，加深对中外文化的理解，增强文化意识。教师可以在课堂上引入相关典故风俗，通过对比中西方文化背景知识的差异，深入了解目的语国家的文化，培养出得体的语言习惯，同时介绍当地的风土人情。

对比法的具体内容包括：①体态语对比，即对比中国人与英语国家人喜怒哀乐时的手势与表情、交谈时的体态以及体态语的表意异同。②对比中外称谓语、

问候语和告别语之间的区别。③对比中国人与英语国家对于赞美之词的反应的差异。④对比在中外家庭中，成员之间的称呼方式的差异。⑤对比中国人与英语国家在行为举止、待人接物等方面存在着的显著差异和相似之处。⑥对比中国人与英语国家在思维模式和观念上存在着的显著差异。通过采用对比分析的方法，可以提高学生对于中西两国文化背景知识差异的敏感度，从而使他们所学的英语更加地道。

（二）采用窄式阅读法

斯蒂芬·克拉申（Stephen D．Krashen）的“窄式阅读法”理论采用集中阅读同一话题的多篇文章的阅读方法，有助于深入理解文本中显性和隐性的文化信息，从而提升文化意识水平。克拉申指出，这类阅读方式在总体上呈现出一种窄式输入。该方法在第二语言习得方面具有显著的效果，它能够集中提供某一文化专题的文化内涵和相关背景知识，从而使学生能够在短时间内熟悉该专题的词汇、主题、风格和文化内涵。这种方法有利于学生对目的语国家文化背景知识进行全面的整体把握，拓宽知识面，开阔眼界。[①]

（三）营造文化氛围，体验异国文化

英语教师的职责在于为学生营造一个真实、逼真的语言交际环境和情境，并提供创造性的语言运用机会，以使学生在语言使用过程中能够自由地表达自己的思想和情感。通过将教学内容与对话改编相结合，引导学生身临其境地感受语言和文化，同时注重文化细节的意义，从而提高他们对文化的敏感度和意识。这其中包括问候、致谢、称呼等习语和委婉语、禁忌语等的得体运用。

由于大学英语教学的时间有限，仅仅依靠教师在课堂上的教学是无法培养学生的跨文化交际能力的；因此，学生应当在业余时间广泛涉猎西方英语文学作品、报纸、杂志以及时事评论等资料，以汲取文化知识、提升文化素养、扩展西方文化视野，从而增强跨文化交际能力。在培养跨文化交际能力的实践操作中，普遍认为将文化教学与语言教学有机融合是一种行之有效的方法。

① 杨玲梅．多元背景下的大学公共英语教学与跨文化交际研究[M]．北京：北京工业大学出版社，2018．

1. 运用文学作品分析进行文化教学

在语言教学中，对文学作品进行深入分析是一种广泛采用的方法。在中国的英语教学中，许多活动都是通过对语篇进行深入分析来实现的。在文学作品的分析过程中，不仅需要同时进行语言教学和文化教学，更需要深入挖掘其中蕴含的丰富文化内涵和经典语言形式，以达到更高层次的理解和应用。传统的语言教学也有文化内容的讲解，只是教师并没有将其列入教学目标。在教学中，应将二者结合起来。

2. 词汇教学与文化教学的结合

词汇反映了一个民族的历史发展进程和社会生活风貌，体现了该国家或地区特有的思维方式、宗教信仰等方面的特征。在进行词汇教学时，教师必须深入挖掘词汇所蕴含的文化内涵，特别是要准确呈现词汇在真实文化语境中的具体运用情况，因为词汇及其使用具有浓郁的文化特色。因此，如何让英语学习者理解词义以及掌握其背后隐含的文化背景成为了当前英语教育研究的重要课题之一。在当前的英语教学中，教师常常只对学生进行简单的词义解释，而很少有机会将其中蕴含的深刻文化内涵传递给学生。因此，很多同学感到英语学习枯燥无味。学生在学习词汇时，往往会被动地接受枯燥乏味的内容，无法做到在真实的交际中运用。在词汇的教学中，教师除了将词汇的本义、内涵全面介绍给学生，为了将记忆的词汇转化为实际的词汇使用，还需要增加一些真实的文化语境，以便进行反复操练。例如，当教学描绘人物的形容词时，可以挑选一些真实的历史人物或当前学习者所感兴趣的人物，让学习者进行描述，这样不仅掌握了词汇的含义，还有机会了解它们的内涵；不仅使词汇学习生动有趣，而且还将文化学习落到了实处。

3. 阅读教学与文化教学的结合

在教学活动中，阅读教学被视为最容易与文化教学相关联的一种，挑选涵盖文化内涵的阅读材料，就能够实现语言教学和文化教学的融合。然而，当前众多教育工作者尚未充分利用阅读教学的长处进行文化教学，或是受到传统语言教学方式的影响，阅读教学中重视学生的阅读速度、理解力、语法、词汇、句型，忽略了篇章中所蕴含的文化内涵，从而忽略了一些重要的信息。文化知识是语言能力发展的重要组成部分，也是学生掌握其他学科知识的基础。制定教学目标和内容时应充分考虑文化教学的需求，以确保教学效果的最大化。

4. 听说教学与文化教学的结合

在文化教育领域中，教师要选取真实的、能够反映目的文化或本民族文化的听说材料。在编写这类听说教材时，必须充分考虑到学习者的语言表达能力和语言学习的需求，包含的文化内容要将语言学习的需要与文化教学的需要结合起来，促进学习者系统性地汲取文化知识，提升其文化素养水平。多媒体教学手段在跨文化英语听说教学中的充分应用，不仅能够激发学习者的语言交际热情，更是培养跨文化交际能力所必需的。它将跨文化交际的真实情境形象地呈现给学习者，有利于学习者提高跨文化交际能力。

5. 写作教学与文化教学的结合

在英语学习的不同阶段，写作教学常常贯穿其中，为学子们提供了广泛的学习机遇，让他们在学习的道路上获得了更多的机遇。在不同的写作阶段，虽然体裁、内容和要求各不相同，但都可以将其与文化教学相融合，以达到更好的教学效果。学习者在掌握了一定数量的词汇量之后就可以运用到各种文体之中。对于初学者而言，运用所掌握的词汇和语法知识，述说自身的历程，表达内心的想法，以此巩固所掌握的语言知识。当学生完成作文后，教师可以在指出语言使用错误的同时，对文章内容进行深入探讨和比较，以达到更好的教学效果。

随着跨文化英语教学思想的不断深入，会有更多更好的方法，真正做到语言教学和文化教学有机结合。既要促进学习者英语交际能力的提高，又要培养他们的人文素质。只有这样，跨文化交际能力才能得到提高。

（四）在教学中导入文化背景知识

语言是承载着文化精髓的精髓之物；语言是人类最重要的交际工具之一。通过学习一门英语，学生将获得对异国文化和社会的深刻理解，这将有助于他们在未来多元化的社会中培养相互理解、尊重、合作和发展的能力，从而共同维护全球和平与稳定。语言是文化的映照，它不仅展现了文化的形态，更决定了人们对世界的认知和态度，从而塑造了语言的结构。语言与文化相辅相成，为了确保交际的得体与妥当，必须跨越目的语国家的文化障碍，掌握两种语言的文化差异。唯有提升言语运用技巧，方能真正践行素质教育。反之，学生会因语义、语用及思维习惯和文化习惯的差异在交际中出现失误与不得体。相反，由于语义、语用、思维和文化习惯的差异，学生在交际过程中可能会出现错误和不恰当的行为。深入了解英语国家的文化背景，可以提升人们对英语的理解和应用能力，加深对本土文化的认知和理解，同时也有助于培养人们对世界事物的认知。在教学过程中，教师应当根据学生的年龄特点和认知能力，逐步拓展文化知识的广度和深度，使学生能比较英语国家文化和中外文化的异同。对于涉及的英语国家文化，应该紧密联系学生身边的日常生活，从而激发学生学习英语的热情。

（五）语言教学中的跨文化导入

语义学将词汇划分为概念意义与联想意义两个方面。词汇的概念意义在于其所包含的语言意义，而联想意义则是与语言使用密切相关的概念意义。英语词汇所蕴含的文化内涵属于联想意义的范畴，它涵盖了某一文化对某一事物所做出的评价和塑造。在英汉两种语言中，存在着许多词汇，它们的意义或许相似，但在联想和比喻方面却有所不同，如 blue（蓝色）在很多固定用法中，它的含义各异。

① The blue baby nestled in his mothers arms.（患有先天性心脏病的婴儿）。

② She has blue blood in her veins.（贵族血统）。

③ Don’t see blue films.（黄色电影）。

④ Mary is a blue stocking.（才女、女学者）。

⑤ He is the manager’s blue-eyed boy.（心腹）。

在词汇语法等语法教学中，同时加入跨文化知识的导入，有助于对学生产生潜移默化的作用，而绝非将文化教学独立开来。

（六）语言教师的素质提高和角色转换

教师是教育的执行者，教育教学能力是衡量英语教师能力素质的最主要的因素。他们的专业发展在很大程度上决定教育教学质量，决定学科的长远发展，决定学生的发展程度。英语教师要重视自身的专业发展，并以成为“研究型”教师作为自身努力的方向。

在我国目前的教学体系中，英语教学多半只在课堂上进行，如果教师只是把重点放在英语语法和词汇教学上，那么学生就不可能学会英语的实际运用，也就无法获得文化交际的能力。因此，授课教师必须要转变自己的观念，切实认识到文化冲突的危害性和培养学生交际文化运用能力的重要性，不断加强自身理论及文化素养，努力将自己从课堂的主导者、机械的知识传授者转变为学生学习活动的辅助者、指导者。

参考文献

[1] 成昭伟，周丽红．英语语言文化导论 [M]. 北京：国防工业出版社，2011.

[2] 林新事．英语课程与教学研究 [M]// 教育硕士学习丛书．杭州：浙江大学出版社，2008.

[3] 马玉蕾，苗瑞琴．英语文化与交际 [M]. 上海：上海交通大学出版社，2009.

[4] 黄育才．新编英汉语言与文化比较 [M]. 上海：复旦大学出版社，2016.

[5] 曾凡贵．大学英语教学与研究 [M]. 长沙：湖南大学出版社，2004.

[6] 党永军．跨文化交际视阈下的英汉语言文化对比研究 [M]. 北京：中国水利水电出版社，2019.

[7] 王逢鑫．英语文化 [M]. 第 2 版．北京：北京大学出版社，2010.

[8] 马晓莹．跨文化交际理论与实践研究 [M]. 石家庄：河北科学技术出版社，2013.

[9] 黄净．跨文化交际与翻译技能 [M]. 天津：天津大学出版社，2019.

[10] 黄勇．英汉语言文化比较 [M]. 西安：西安工业大学出版社，2007.

[11] 肖莉．跨文化融合背景下大学英语教学的途径方法研究：评《大学英语教学与跨文化能力培养研究》[J]. 江西社会科学，2019，39（6）：261.

[12] 程艳芳．跨文化交际中影响英汉语言交际的原因和语用失误 [J]. 江西电力职业技术学院学报，2022，35（1）：134−135；138.

[13] 牟薇薇，汪全新．英汉语言文化对比研究 [J]. 萍乡学院学报，2015，32（2）：64−66.

[14] 魏烨．英语翻译教学和汉语言文化素养分析 [J]. 英语广场，2022（27）：97−100.

[15] 王子晴．跨文化交际中汉语言交际语用失误的影响因素 [J]. 现代交际，2017（22）：89.

[16] 罗晓语．跨文化交际视域下英语教学和中国文化融合思考 [J]. 文化创新比较

研究，2020，4（30）：193-195.
[17] 康彩云．高职英语教学双语文化融合策略的研究 [J]. 品位经典，2020（10）：152-153.
[18] 胡敏．英语教学中文化教育存在的问题及对策 [J]. 山西广播电视大学学报，2018，23（4）：34-38.
[19] 张明雪．文化视域下英汉语言形式与思维方式对比 [J]. 科教文汇（上旬刊），2019（22）：175-176.
[20] 顾玉珍．探究中华传统文化与初中英语教学融合路径 [J]. 海外英语，2019（22）：202-203.
[21] 梁慧萍．跨文化视角下的汉语言专业文化教学探讨 [D]. 南京：南京大学，2015.
[22] 张琰．大学英语精读教学中的文化融合 [D]. 镇江：江苏大学，2009.
[23] 刘瑾．小学英语教学中跨文化教育的现状调查与改善策略研究 [D]. 聊城：聊城大学，2022.
[24] 薛勤．论英汉语言文化差异与大学英语教学 [D]. 南京：南京师范大学，2005.
[25] 宋隽．全球化时代的跨文化教育研究 [D]. 济南：山东师范大学，2017.
[26] 吕文龙．高中英语阅读教学中跨文化意识培养的行动研究 [D]. 长春：长春师范大学，2022.
[27] 方涵．中学英语学科跨文化性及其教学实现研究 [D]. 成都：四川师范大学，2021.
[28] 陈桂琴．大学英语跨文化教学中的问题与对策 [D]. 上海：上海外国语大学，2014.
[29] 石媛媛．中西文化元素融合的高中英语生成性教学设计与应用 [D]. 延安：延安大学，2021.
[30] 高菲．英语体验式教学对高中生跨文化意识培养的实验研究 [D]. 石家庄：河北师范大学，2022.